Hilda Groll

Vereint und doch getrennt - Zeugnisse der deutschen Teilung

mit einem Beitrag von Walter Kaune - Dr. phil. und Bildhauer

Inhalt	Seite
Vorwort	06 - 07
Essay	08 - 45
Der Mensch als Grenzgänger 　　Dr. phil. Walter Kaune	46 - 51
Spuren des Geschehens	52 - 79
Über meine Arbeit	80 - 95
Anhang	96 - 111

Vorwort

Bei einer Wanderung durch den Harz im April 2003 fand ich einen abgebrochenen und verwitterten Grenzpfahl. Aufgrund der Vegetation kaum erkennbar, fiel mir das Schwarz-Rot-Gold sofort ins Auge. Anschließend fand ich, nicht weit davon entfernt, eine komplette Wachhundestation, die völlig unaufgeräumt von den Grenzwächtern verlassen worden war. Als ich die hier gemachten Bilder zu Hause sichtete, wurde mir die Bedeutsamkeit dieser Funde bewusst und es reizte mich, diese Orte noch einmal aufzusuchen.

Die Wachhundestation mit Dressuranlage, die ich zwei Wochen später als Erstes ansteuerte, war urplötzlich verschwunden. Man hatte sie komplett zurückgebaut, mit Erdreich abgedeckt und keine Spuren hinterlassen. Daraufhin beschloss ich, nach weiteren vergessenen Relikten zu suchen.

Je tiefer ich in dieses Thema einstieg, umso mehr fühlte ich die Hilflosigkeit aller von dieser Grenze betroffenen Menschen. Dieses Sperrgebiet war da, weil Deutsche von Deutschen getrennt worden waren und es hatte unendliches Leid erzeugt. Ich sah mir meine bis dahin gemachten Aufnahmen an und fand, dass sie dieses Gefühl nicht ausreichend transportierten. Es war eine Entwicklung, die ich durchlaufen musste, um gefühlsmäßig hier an der Wunde meines Heimatlandes anzukommen.
Plötzlich sprach ich von „meiner Grenze".
Erst jetzt war ich bereit, diesen Teil unserer Geschichte zu fühlen und visuell zu transportieren.
Also machte ich mich auf, die bereits gefundenen Relikte und Spuren neu zu fotografieren.
Zu einigen Orten bin ich mehrmals, immer wieder, gefahren.

Ausgegrenzte, Eingegrenzte, Grenzzieher, in die Grenzen Verwiesene - auf meinen Bildern habe ich mich bewusst dafür entschieden, keine Menschen zu zeigen. Dennoch wird der Mensch erlebbar durch seinen massiven Eingriff in die Natur und die dadurch entstandenen Wunden. Er wird sichtbar durch die Spuren, die er verursacht und hinterlassen hat. Es wird auch spürbar durch das, was diese Grenze mit den Menschen gemacht hat.
Sowohl die Natur als auch die Menschen sind nach der Öffnung und dem Abbau der innerdeutschen Grenze wieder vereint, dennoch ist eine Trennung zwischen Ost- und Westdeutschland, bei den Menschen und der Natur, auch nach nunmehr 20 Jahren immer noch vorhanden. Es ist meine Hoffnung, dass der Betrachter durch meine Bilder mit eigenen Bildern in Berührung kommen möge, Bildern von Erlebtem und Gehörtem, Erlittenem und Ertragenem.

Die neue Generation junger Deutscher hat keine eigenen Erfahrungen mit der Teilung und der innerdeutschen Grenze gemacht. Viele haben nur eine vage Vorstellung von der jüngsten Geschichte. Auch deshalb ist es an der Zeit, unser Gedächtnis zu bewahren und diesen Teil unserer leidvollen Geschichte, die letztendlich eine gemeinsame geblieben ist, bewusst zu machen. Als Zeitzeugen können wir eine Brücke sein zwischen Vergangenheit und Zukunft.

Die Natur gereicht uns hierbei zum Spiegel: Im Jahreslauf verdeckt sie zu bestimmten Zeiten das Offensichtliche und macht es zu anderen Zeiten sichtbar. Manche Wunden sind vernarbt, viele bedürfen weiterhin der Heilung. Doch vor allem:
Immer wieder bringt die Natur Neues hervor.
Geduldig und verzeihend.

Essay

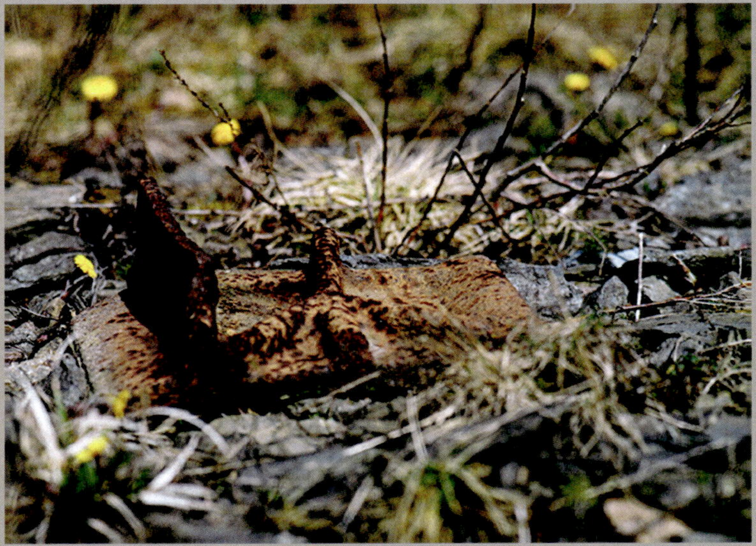

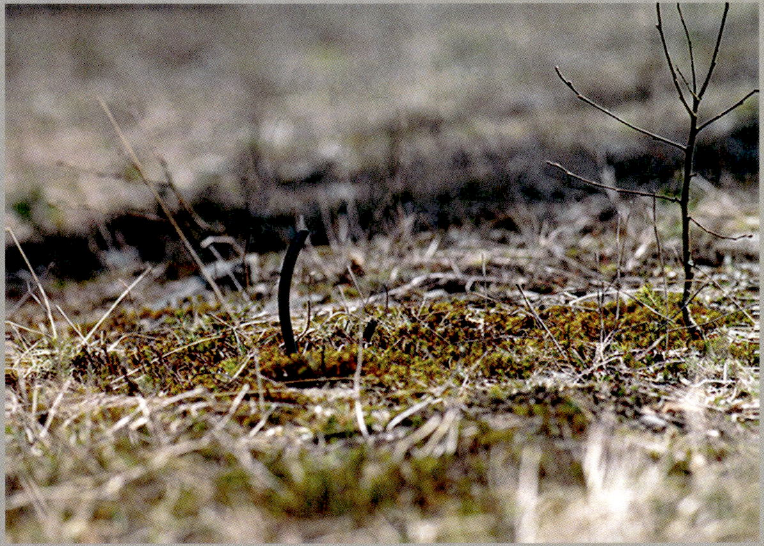

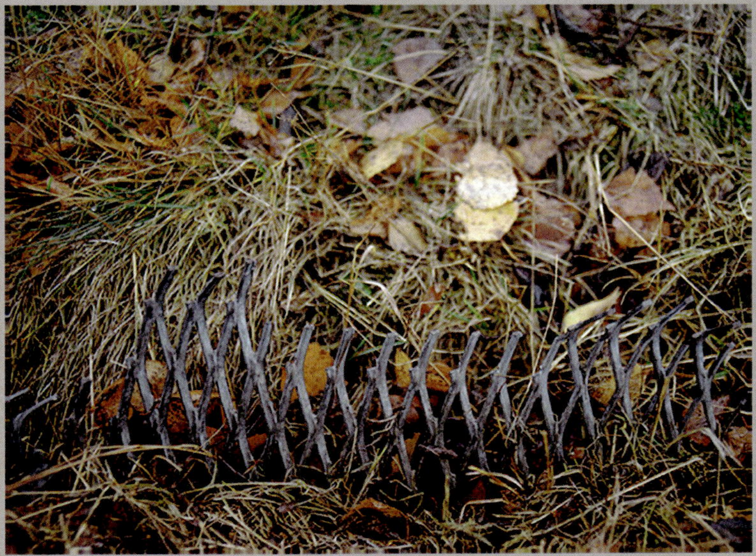

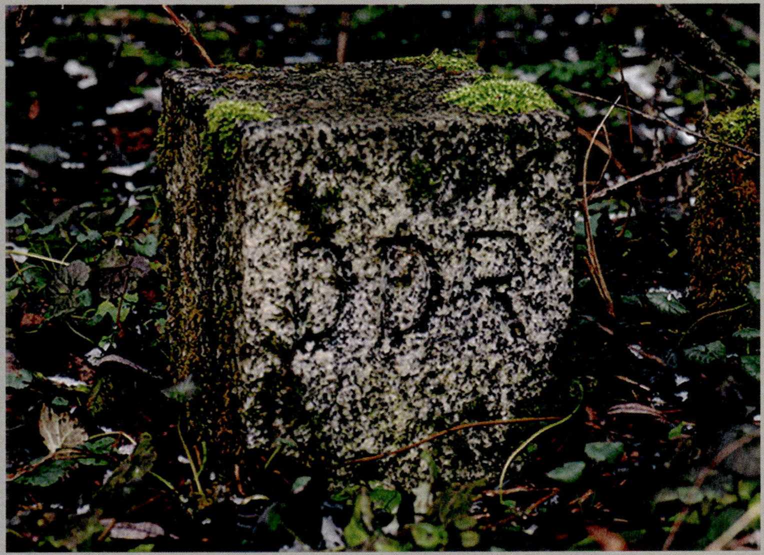
DDR

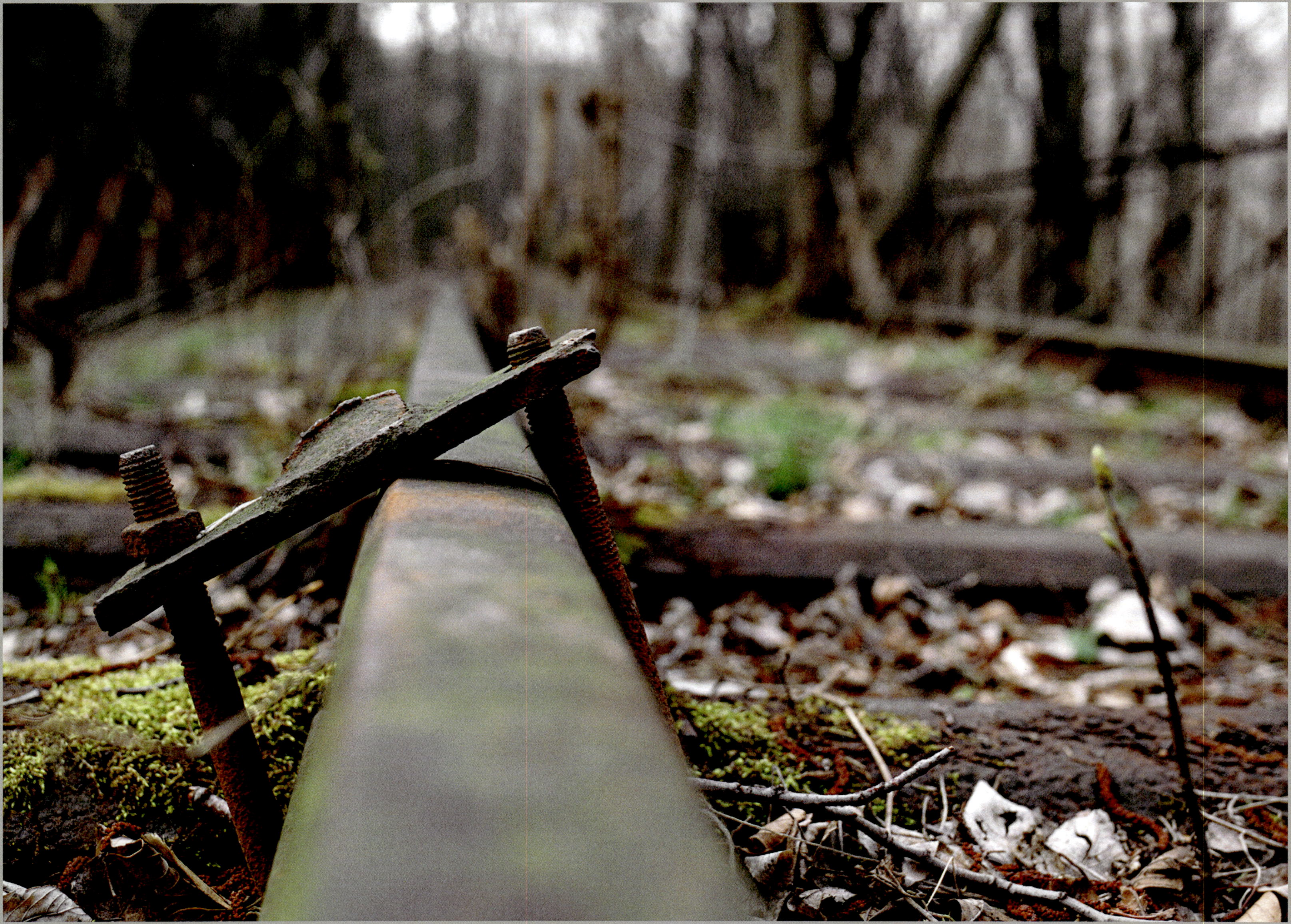

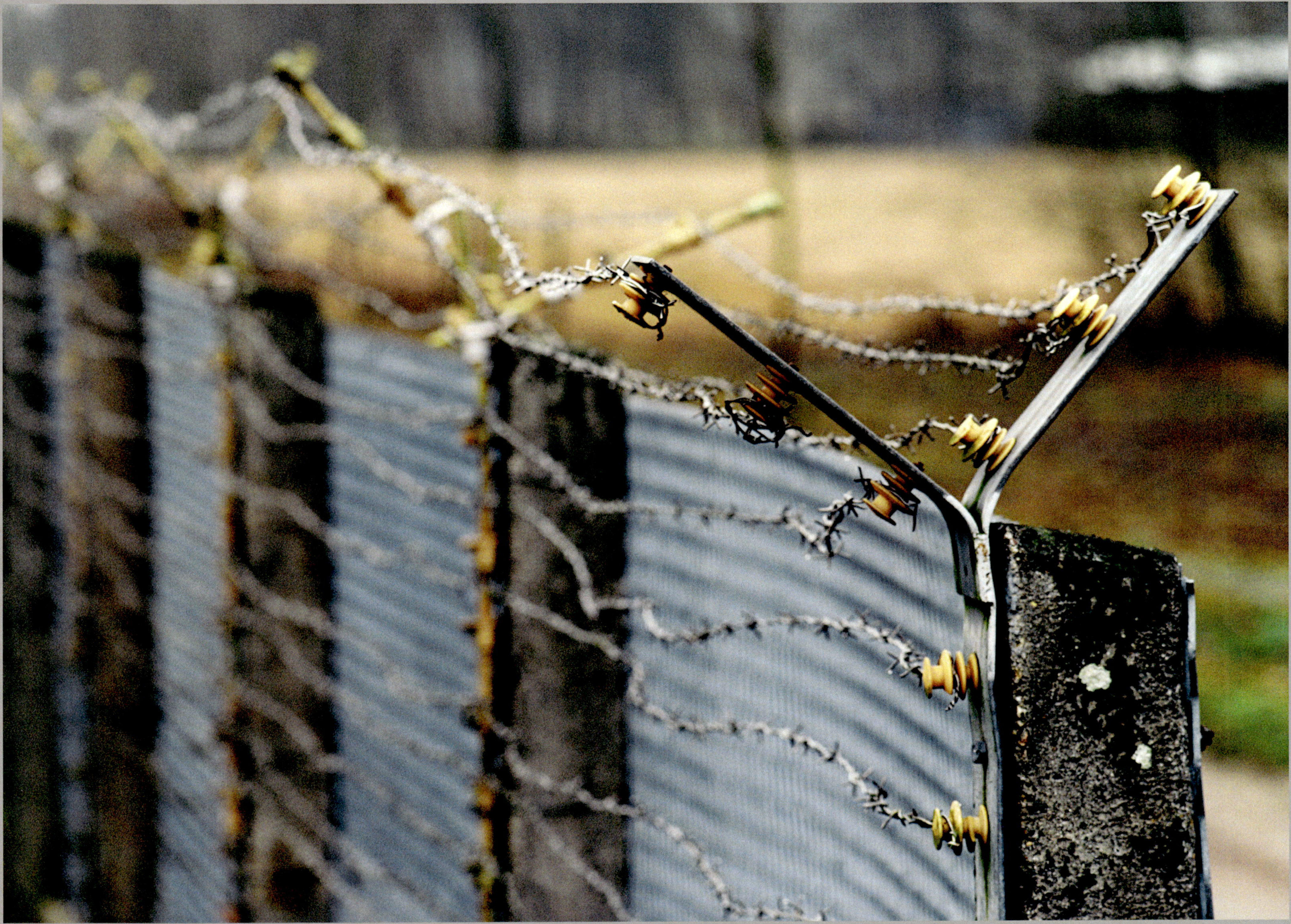

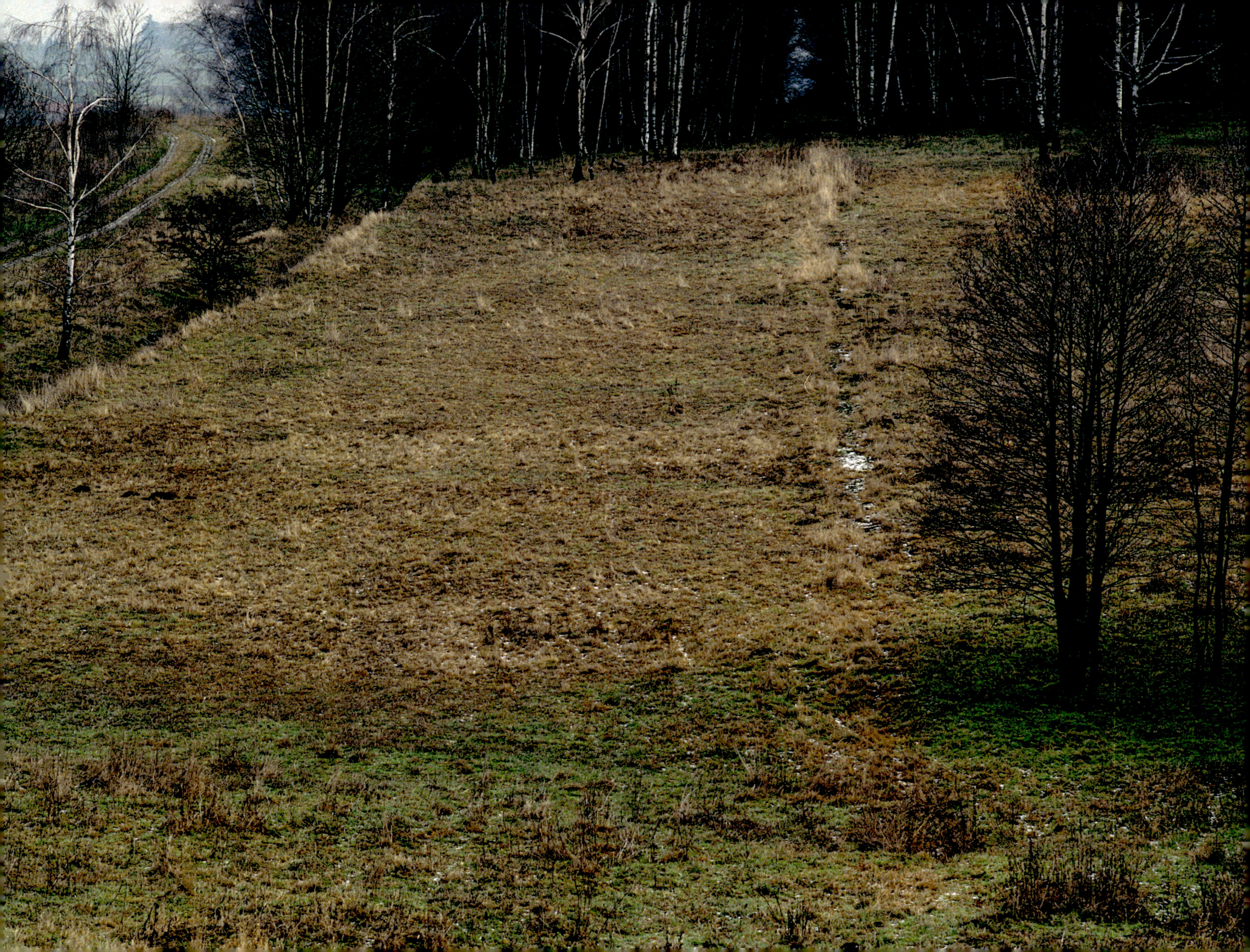

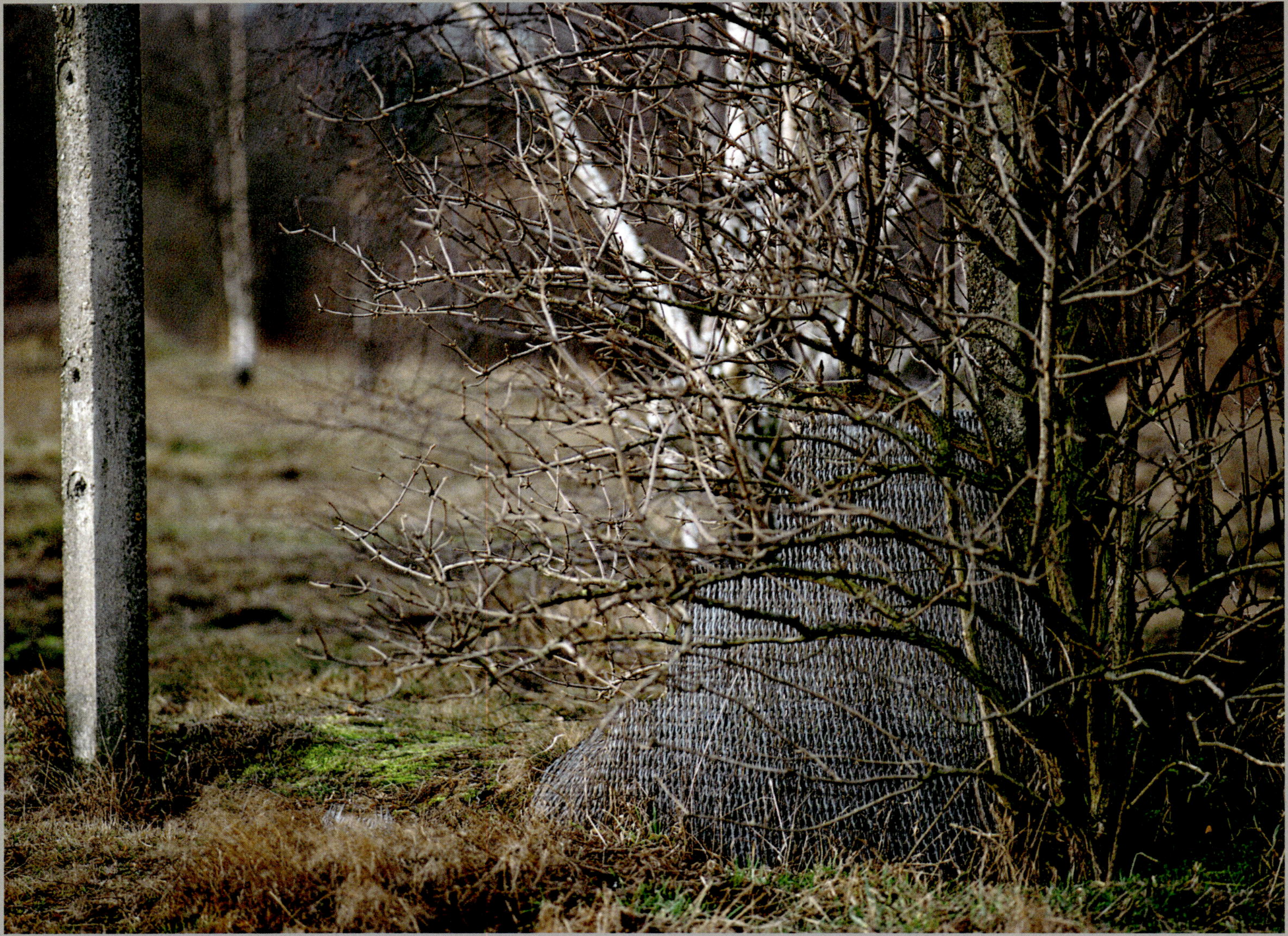

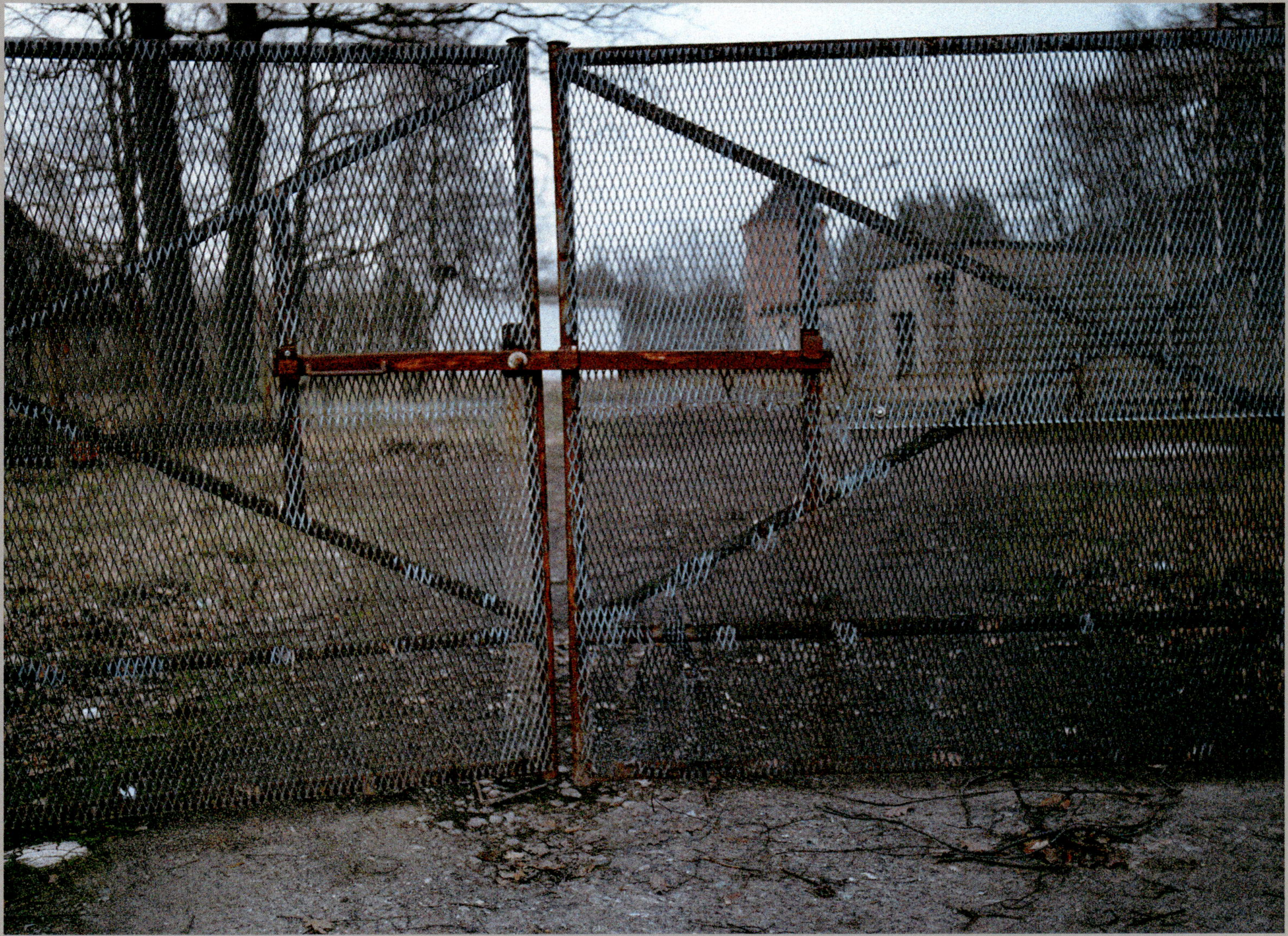

Essay

Das letzte Bild stellt eine Verbindung zum Eingangsbild her.
Ist eingangs ein Rautengitterzaun in seiner massiven Verankerung zu sehen, so zeigt sich im Schlussbild ein ebensolcher Zaun als Tor. Das Tor ist verschlossen. Ist der Umwandlungsprozess noch nicht abgeschlossen?

In der Mitte des Tors befindet sich ein rostrotes Kreuz. Ein Kreuz ist im Christentum Symbol für schwer zu ertragendes Leid, ebenso jedoch auch für die Hoffnung auf Erlösung.

Im Kreuz klafft ein offener Spalt, der den Blick freigibt auf das ehemalige Auffanglager Marienborn.
An dem Tor gibt es kein Türschloss. Es lässt sich somit jederzeit öffnen.
Wir haben die Möglichkeit einzutreten.

Stellt nicht diese Tatsache und damit dieses Bild noch heute, nach 20 Jahren, den Zustand unseres Ost-West-Verhältnisses dar?
Wir haben die Möglichkeit, geschlossene Türen zu öffnen und noch mehr als bisher aufeinander zuzugehen.

Der Mensch als Grenzgänger - Versuch einer Annäherung
Walter Kaune - Dr. phil. und Bildhauer

Mein Text soll weder Vorwort noch Versuch einer Interpretation des Werkes der Künstlerin sein. Eine Deutung des Werkes mag ich den dazu Berufenen überlassen, zumal ich hartnäckig die Meinung vertrete, dass einzig das Bild die Aussage ist, nicht etwa die Erklärung, also das Wort. Die sensible und völlig unspektakuläre Annäherung der Fotografin an das hier evidente Motiv „Grenze" hat in mir eine tiefe Betroffenheit bewirkt. Deshalb dazu einige, wenngleich sehr subjektive, Gedanken.

Das Offensichtliche bedarf keiner Deutung. So sollte man meinen. Das Foto als solches bildet Realität ab, ist damit offensichtlich und sollte nicht eigentlich Thema weiterer Überlegungen sein. Doch kommen dann schon Zweifel an dieser Aussage auf, wenn allein der Begriff der Realität hinterfragt wird.

Fotografie ist nicht die Realität an sich - keine Frage. Sie ist abstrahiertes - weil selektiert über die Wahrnehmung der Fotografin - Bild einer vermeintlichen Wirklichkeit.

Unsicher sind wir zunächst dort, wo etwas nur undeutlich zu sehen ist. Was dagegen klar vor Augen liegt, scheint deshalb auch gewiss zu sein. Nun ist merkwürdig, dass Zweifel doch gerade an dem erwacht, was so unmittelbar vor Augen liegt.

Das Misstrauen geht erst gegen die sinnliche Wahrnehmung an, später gegen das Gedachte. Und doch ist dies wiederum nicht merkwürdig - wird doch damit gerade Landläufiges in Frage gestellt. Woran aber mag der Gedanke stutzen?

So ist der Stab im Wasser nicht gebrochen, obwohl das Auge ihn so sieht; die offensichtlichste Täuschung ist die optische (vgl. Zenon von Elea, „Über die Natur", um 430 v. Chr.)

Was aber, wenn selbst das, was man sonnenklar und ungebrochen sieht, nur Täuschung wäre? (vgl. Heraklit von Ephesos, „Erfahrung und Erkenntnis", um 430 v.Chr.) Das heißt doch, die Sinne müssen, da das Sichtbare an der Oberfläche liegt, selbst dort wo sie als nicht wertende Daten zu gelten haben, nicht nur gehört sondern ebenso verhört werden. Die Gefahr hier liegt allerdings darin, den Schluss zu ziehen, eine sichtbare, äußere Welt ihrer wahrnehmbaren Eigenschaften zu entleeren, sie zu abstrahieren. Damit allerdings wäre als Schlussfolgerung zu resümieren:

die sichtbare Welt ist nun hinsichtlich ihrer Sichtbarkeit nur noch eine riesige optische Täuschung. (vgl. Ernst Bloch, „Tübinger Einleitung in die Philosophie I", Tübingen 1963, Ludwig Wittgenstein, „Tractatus logico-philosophicus", Frankfurt, Suhrkamp 1960).

Ich will versuchen, mich nicht weiter in Grundsatzfragen der Philosophie zu verlieren, jedoch den Gedanken des Verhörens - sprich Hinterfragens - des sinnhaft Wahrnehmbaren aufzugreifen. Ein Stacheldrahtzaun, Symbol des Begriffes „Grenze" - fotografiert oder in vivo -

ist sinnlich erfass-, ja auch oberflächlich erfahrbar. Allerdings setzt die Sinneswahrnehmung unmittelbar, je nach Erfahrenem, Gedankliches in Bewegung.

Denn: das Offensichtliche provoziert, Landläufiges in Frage zu stellen.

Eine Grenze ist der Rand eines Raumes und damit ein Trennwert, eine Trennlinie oder -fläche. Grenzen können geometrische Räume begrenzen. Dazu gehören politisch-administrative Grenzen, Zollgrenzen oder Eigentumsgrenzen. Auch unscharf begrenzte Gebiete wie Landschaften und Verbreitungsgebiete haben Grenzen, die man jedoch nicht in der Natur durch Linien festmachen kann.

Soweit eine lexikalische Definition, die keinesfalls wesenhaft für das vorliegende Bildwerk ist.

Mein Haus ist ein Gefängnis.

Es scheint ziemlich absurd zu klingen, dass ein Haus, das ja Schutz und Obdach, Privatsphäre und persönlichen Freiraum zum Leben schafft, ein Ort sein soll, den man als einengend und begrenzend verstehen muss. Doch gerade deshalb wähle ich dieses Beispiel, um zu verdeutlichen, dass gemauerte Sicherheiten Lebensbereiche begrenzen. Die Hauswand an sich gibt Schutz. Aber sie nimmt auch die *Sicht auf das Außen*.

Das Wort *Grenze* bewegt, wie schon angesprochen, die abendländische Philosophie seit der Antike - gemeint ist hier das *Duale*:
Begrenztheit des Seins und Unendlichkeit im Sinne der Grenzenlosigkeit.

Grenze - was also ist das?

Hier jedoch kapituliert die Philosophie, ist gezwungen, sprachliche Umschreibungen anzuwenden, spricht dann vom Ausgegrenzten und vom Begrenzten. Aber nicht davon, woran oder worin oder wo zwischen die Grenze verläuft, also nicht von der *Grenze an sich*. Und dazu verschärft die natürliche Begrenztheit der Sprache diese merkwürdige Unsichtbarkeit der Grenze.

Dabei ist sie existentiell, trennt sie doch Gutes und Böses, Leben und Tod, bedingt Ur-Ängste:

„Es gibt allerdings Unaussprechliches, dies zeigt sich, es ist das Mystische."

und

„Wovon man nicht sprechen kann, darüber muss man schweigen."

Die Radikalität dieser Aussage Wittgensteins (ebenda) liegt in dem unscheinbaren Wort „zeigt", denn damit entzieht sich die Grenze und damit auch die Erfahrung von Grenze sprachlicher Vermittlung.

Grenze zeigt sich.

Sichtbar und erkennbar wird nun, wenngleich nur fragmentarisch, dass sinnhaft erfassbare *Grenze* nicht das *Gedachte* eingrenzen kann. Wo steht oder was ist der Mensch aber, wenn er nicht einmal gewahr werden kann, um aus der Nichtigkeit seiner Existenz heraus den Sprung über die Grenze zu wagen?

Eben diese grundsätzlich philosophische Frage wird in den sensiblen, unpathetischen Fotos der Künstlerin spürbar.

Walter Kaune
Dr. phil. und Bildhauer

Die Hälfte dessen,
was ich sage,
ist ohne Bedeutung.
Ich sage es,
damit die andere Hälfte
euch erreichen möge.

Kahil Gibran

Spuren des Geschehens

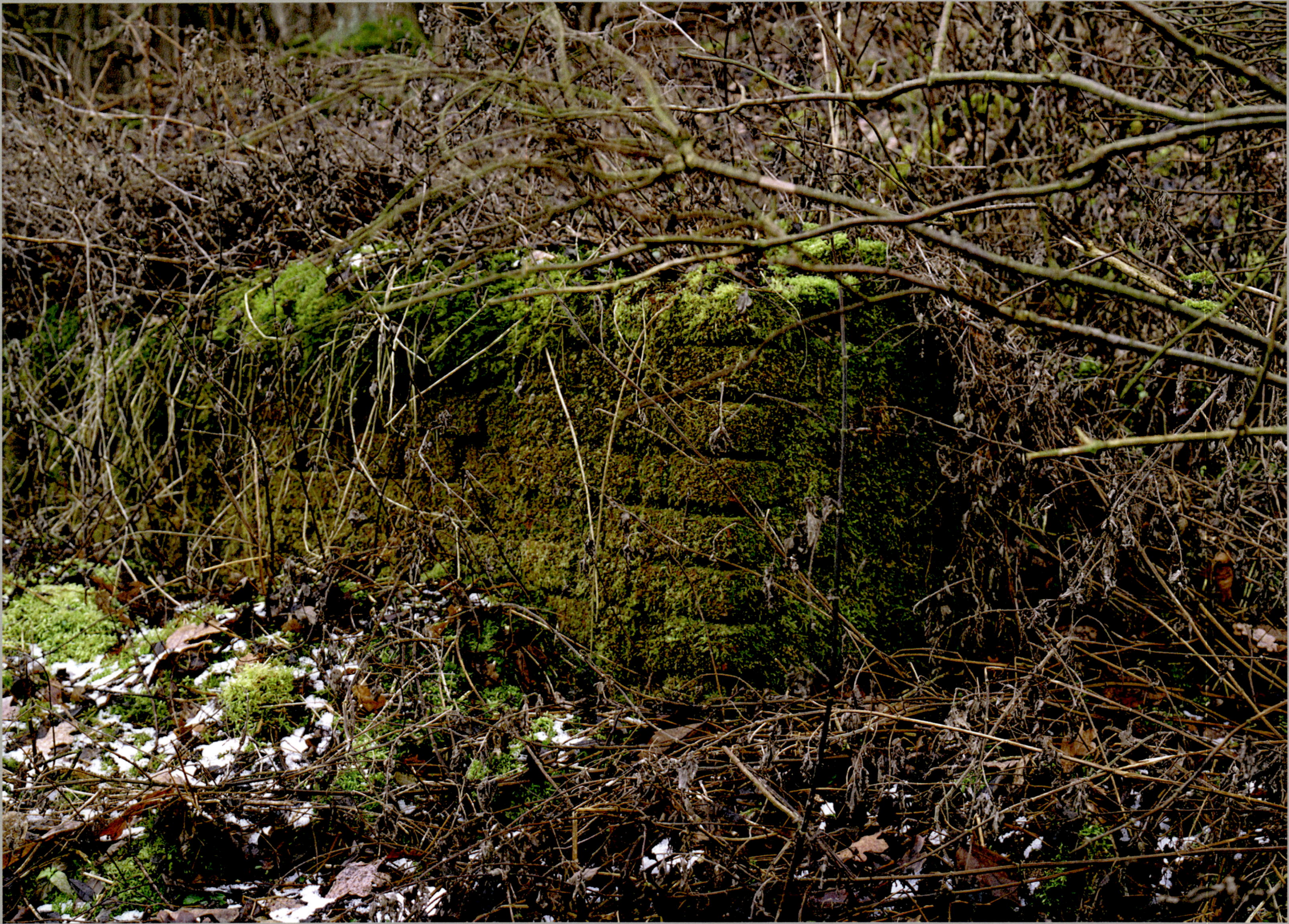

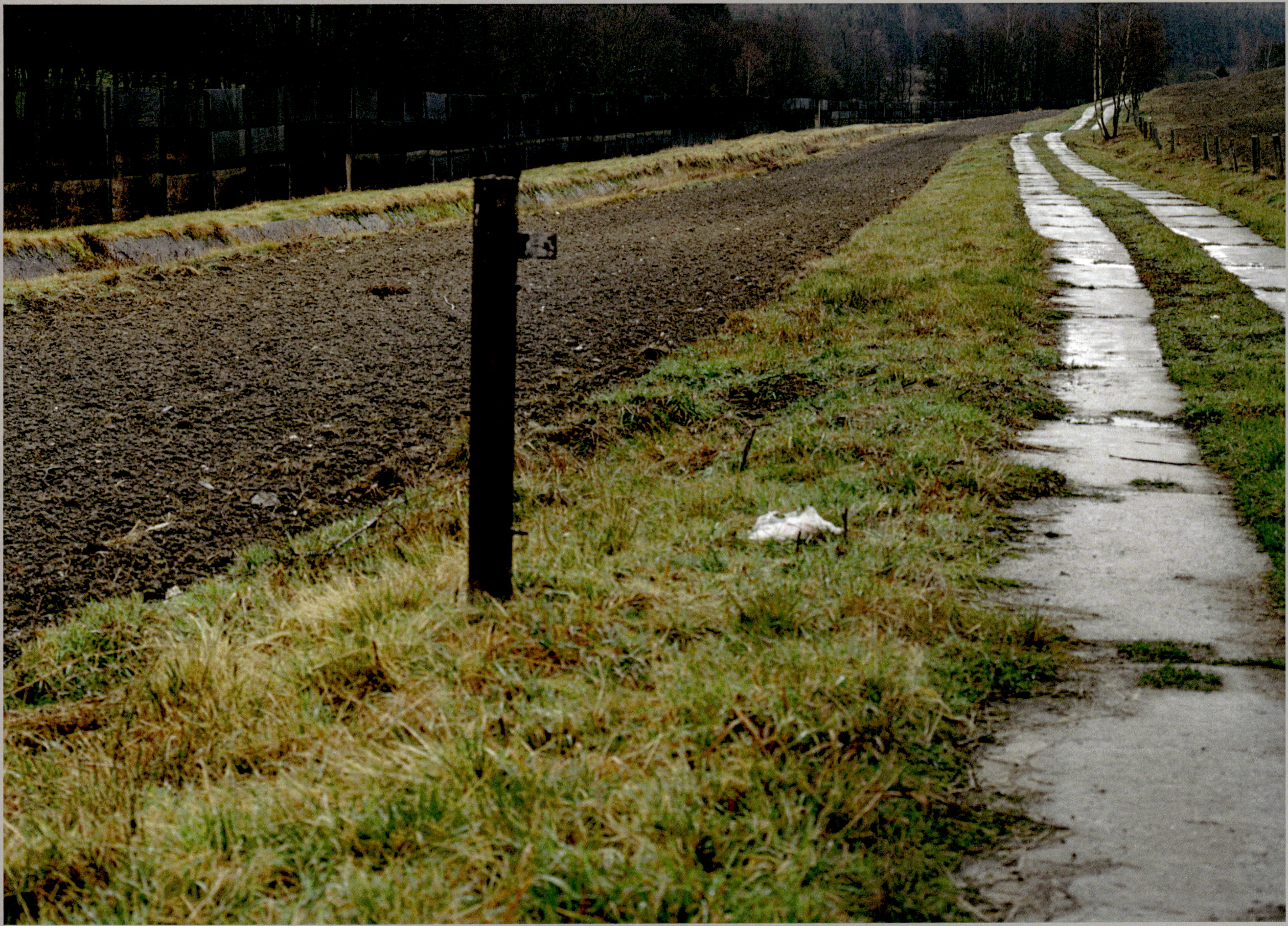

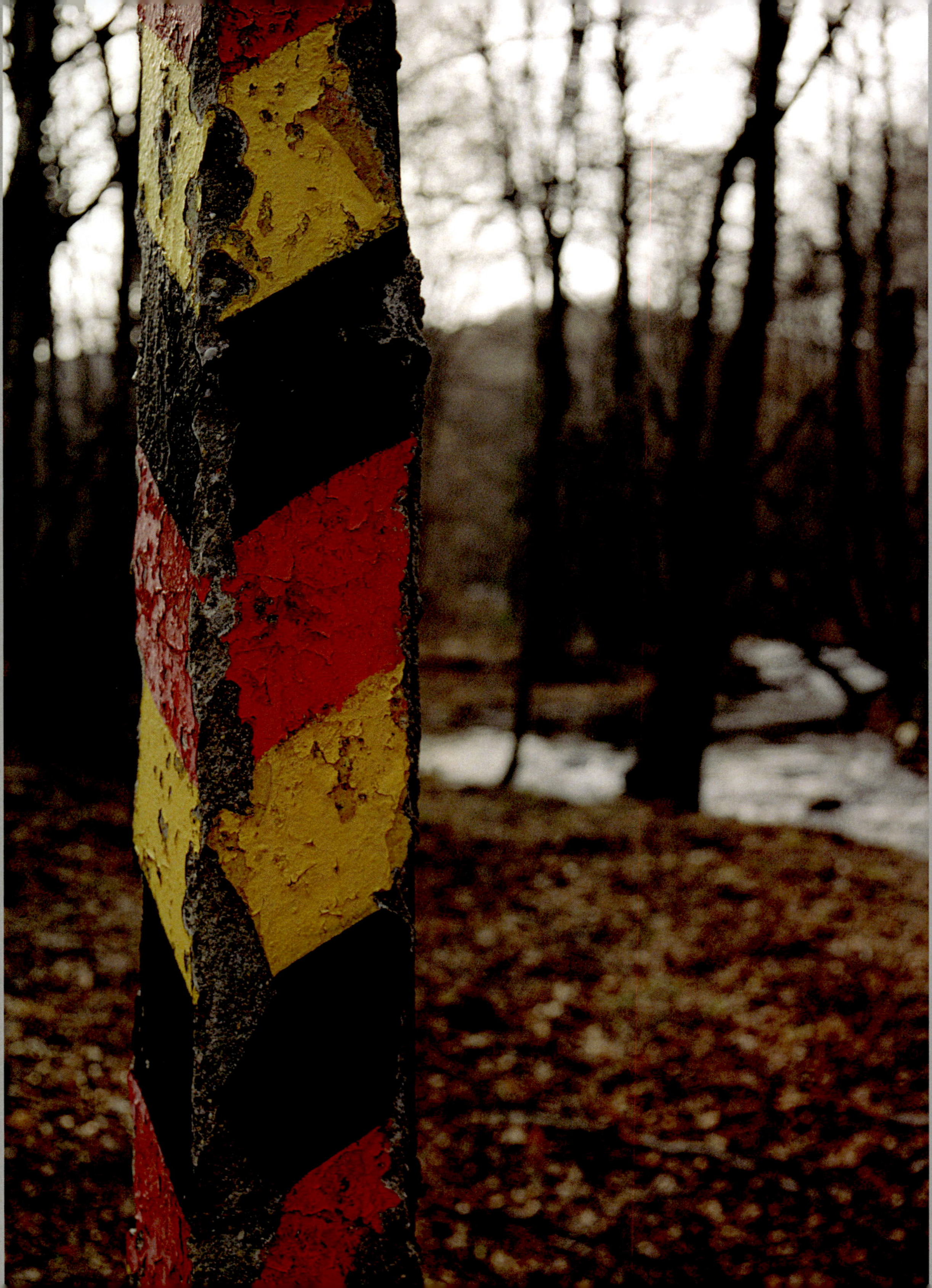

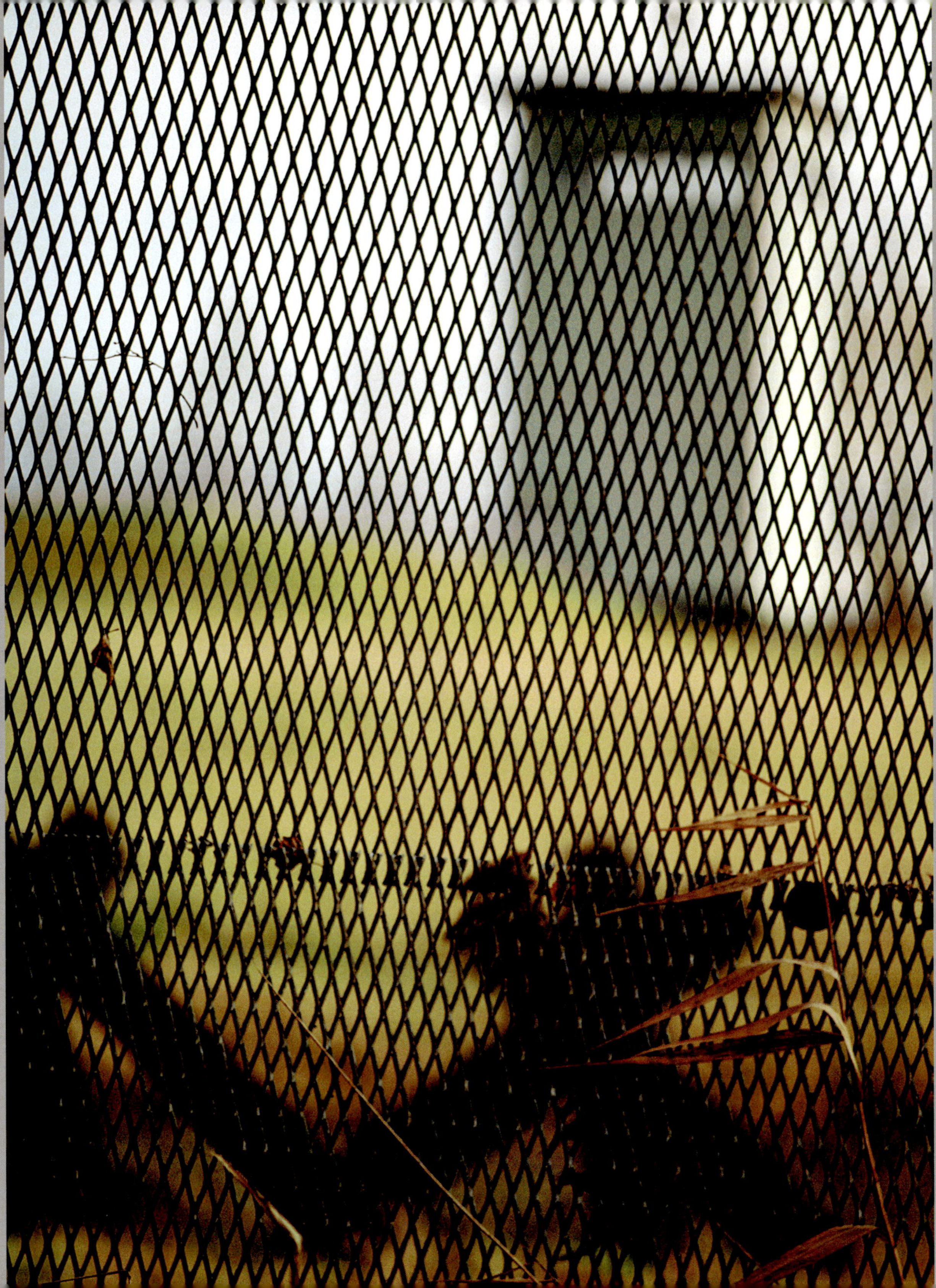

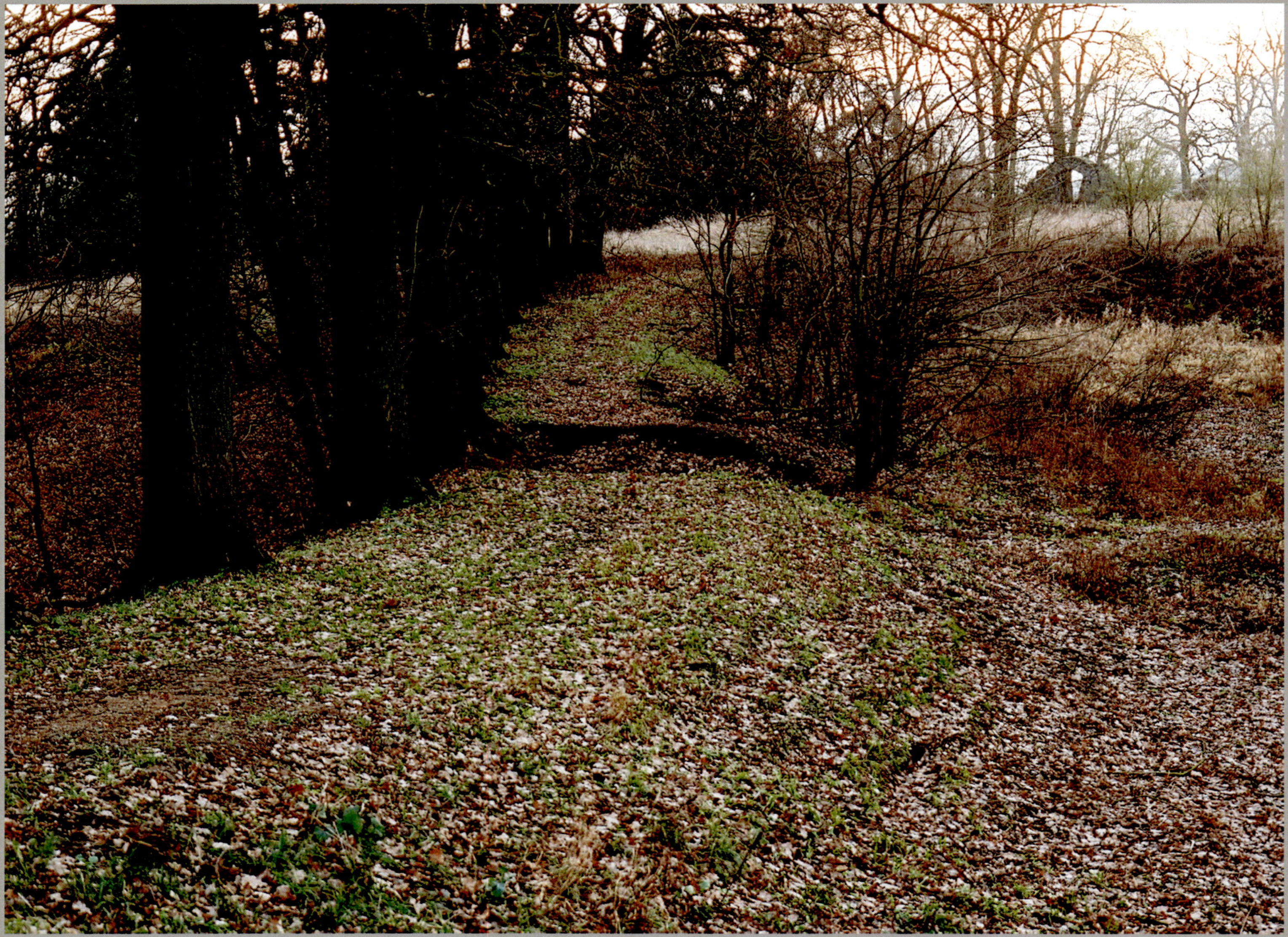

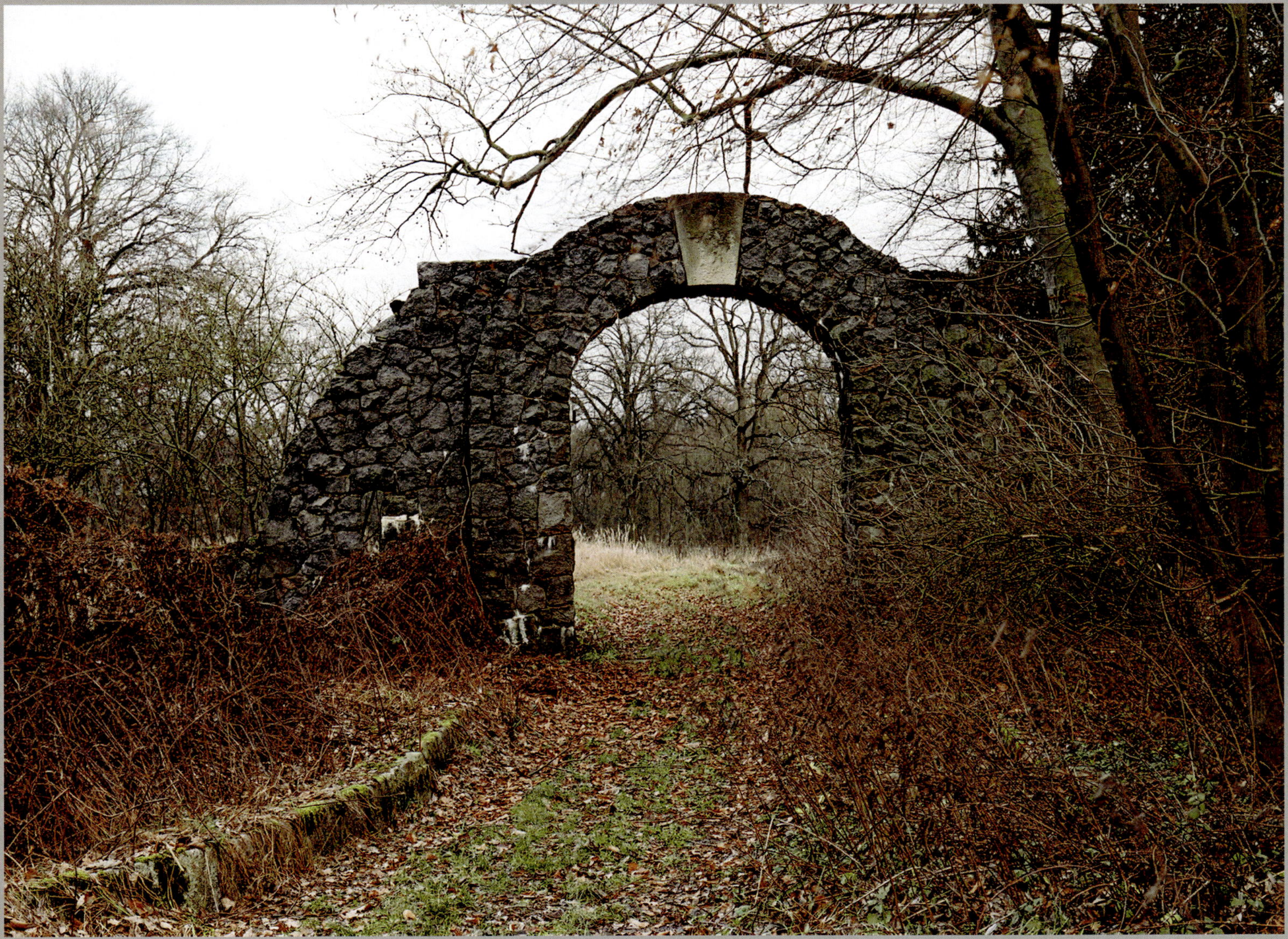

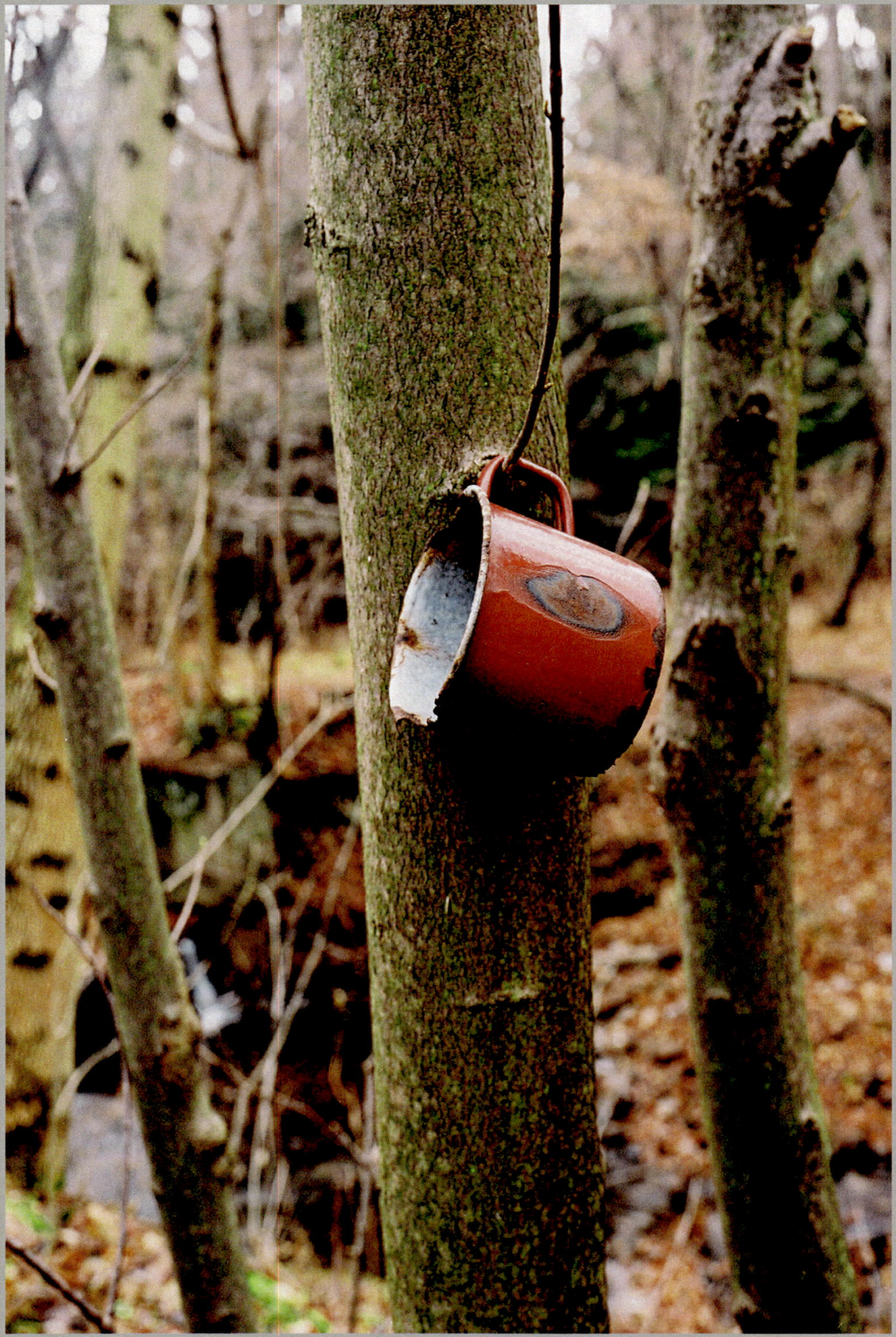

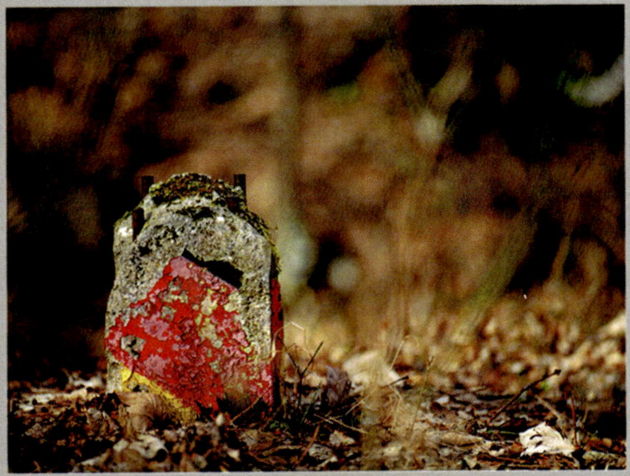

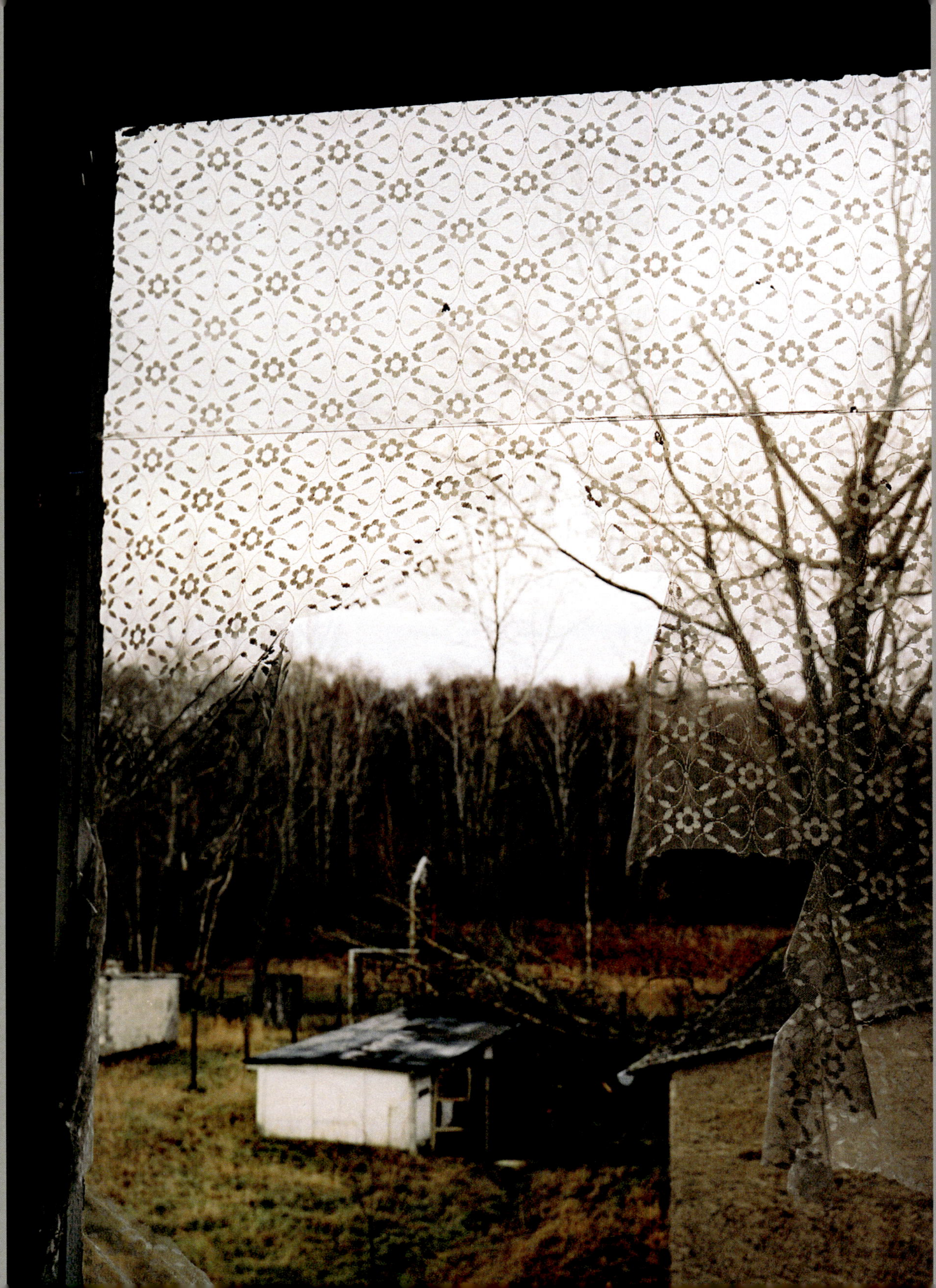

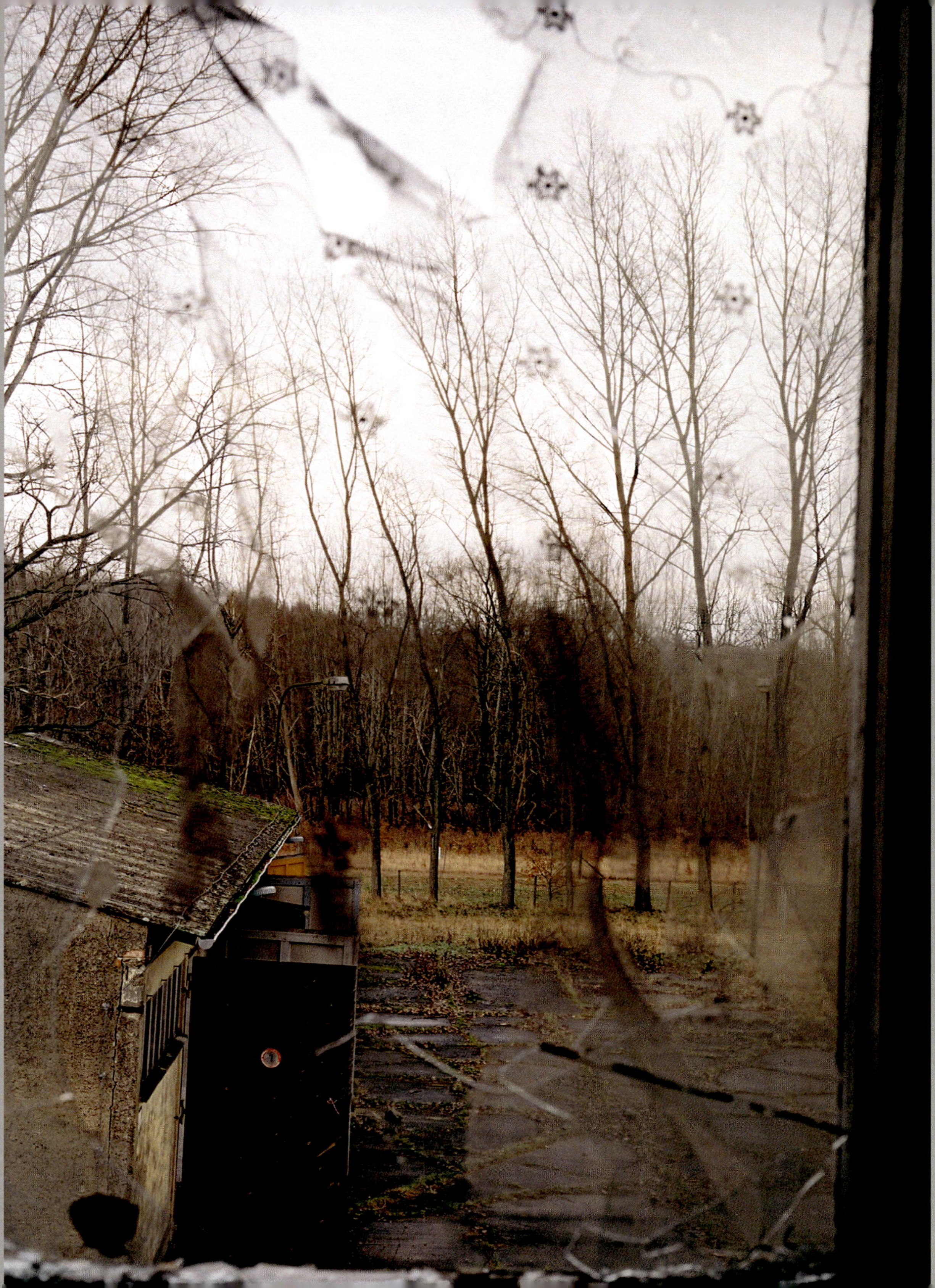

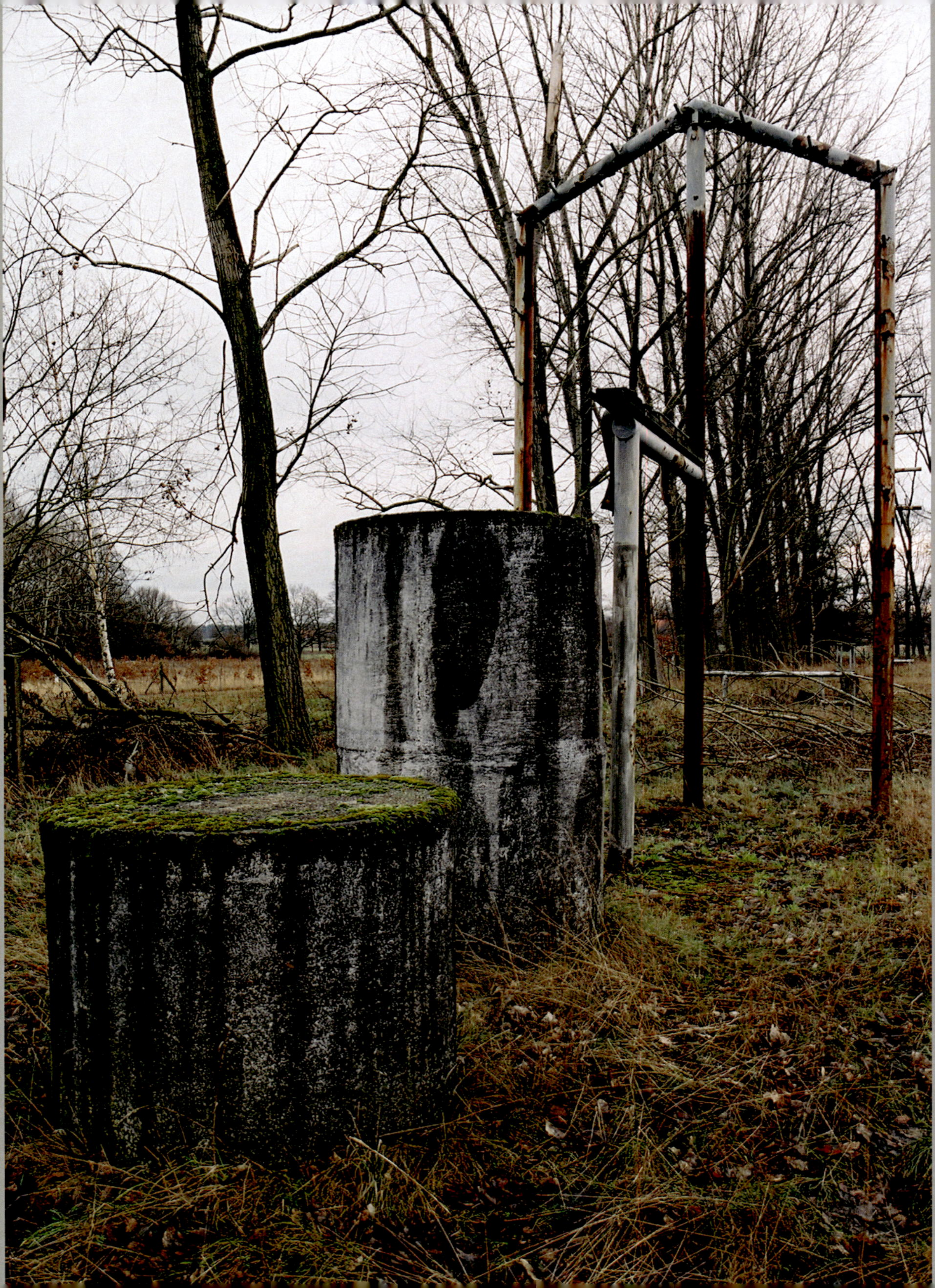

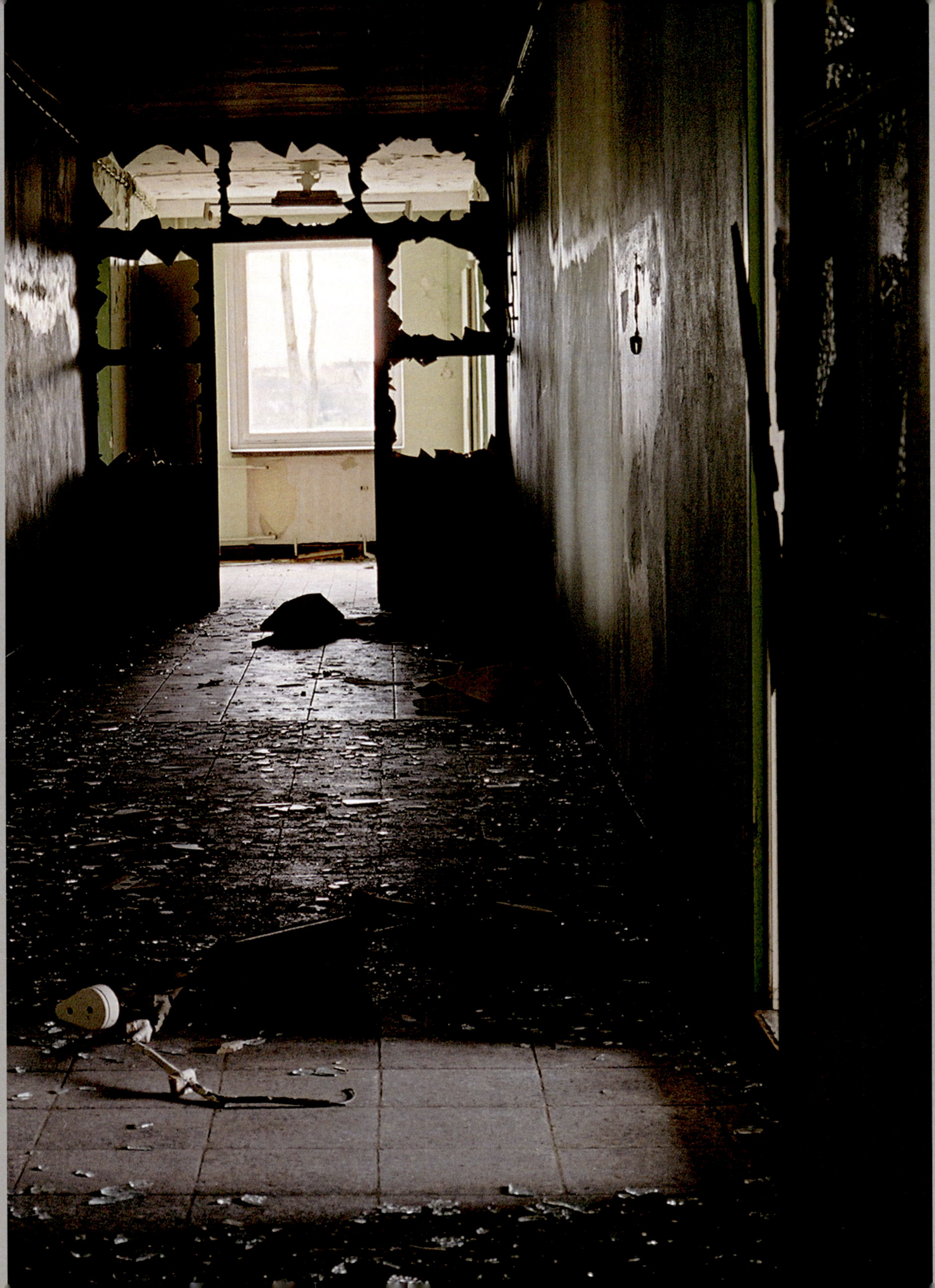

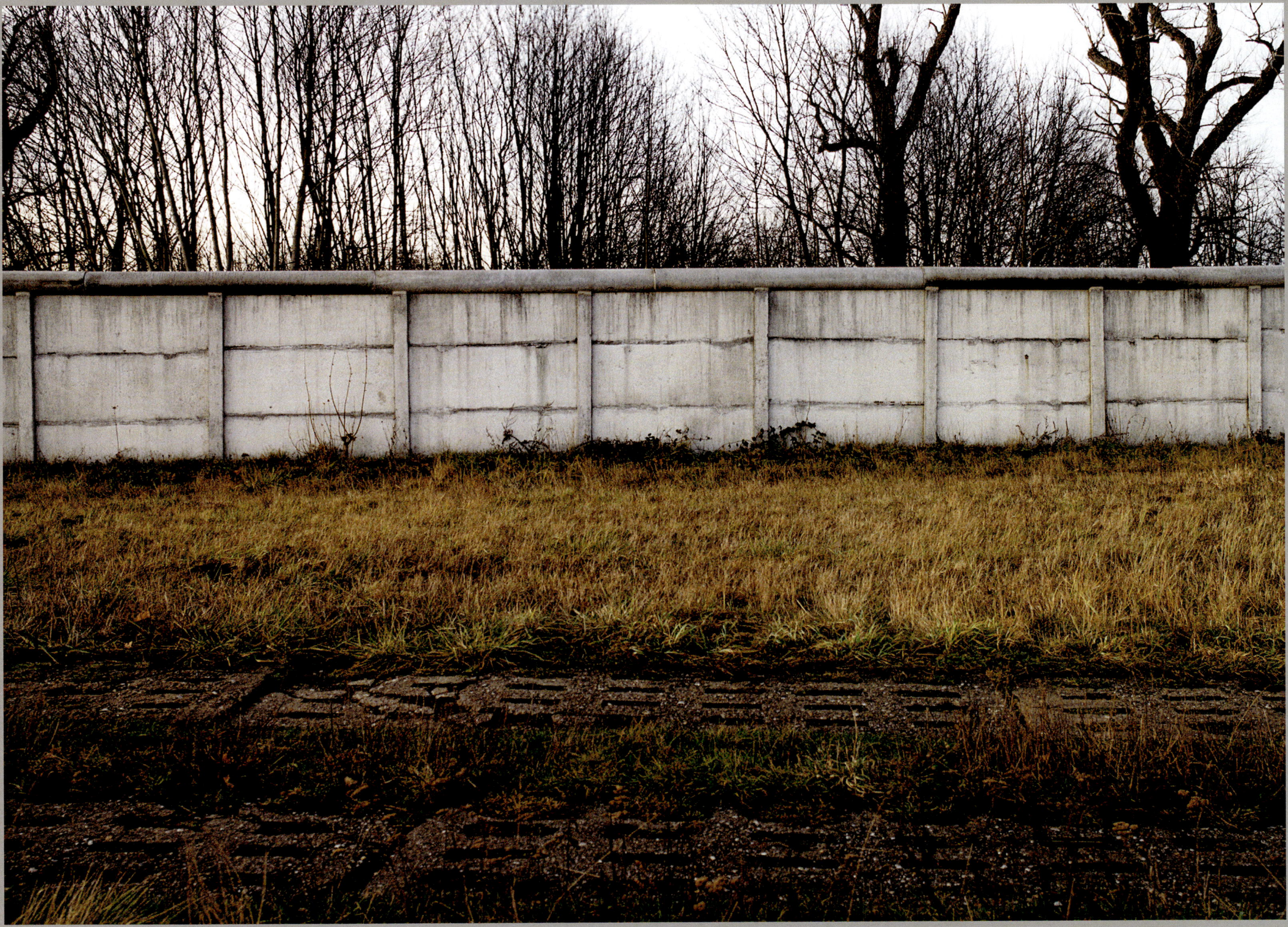

68/69

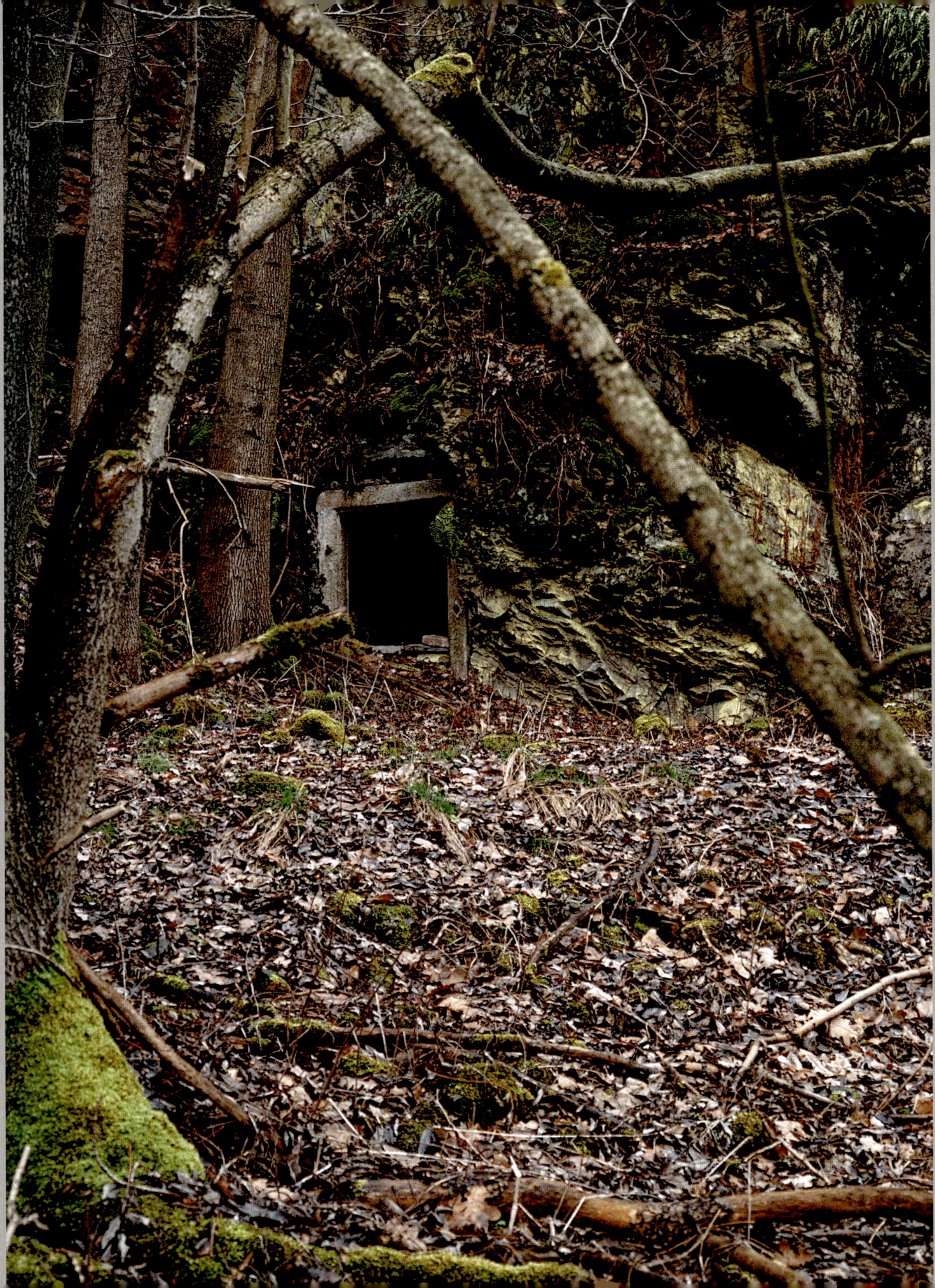

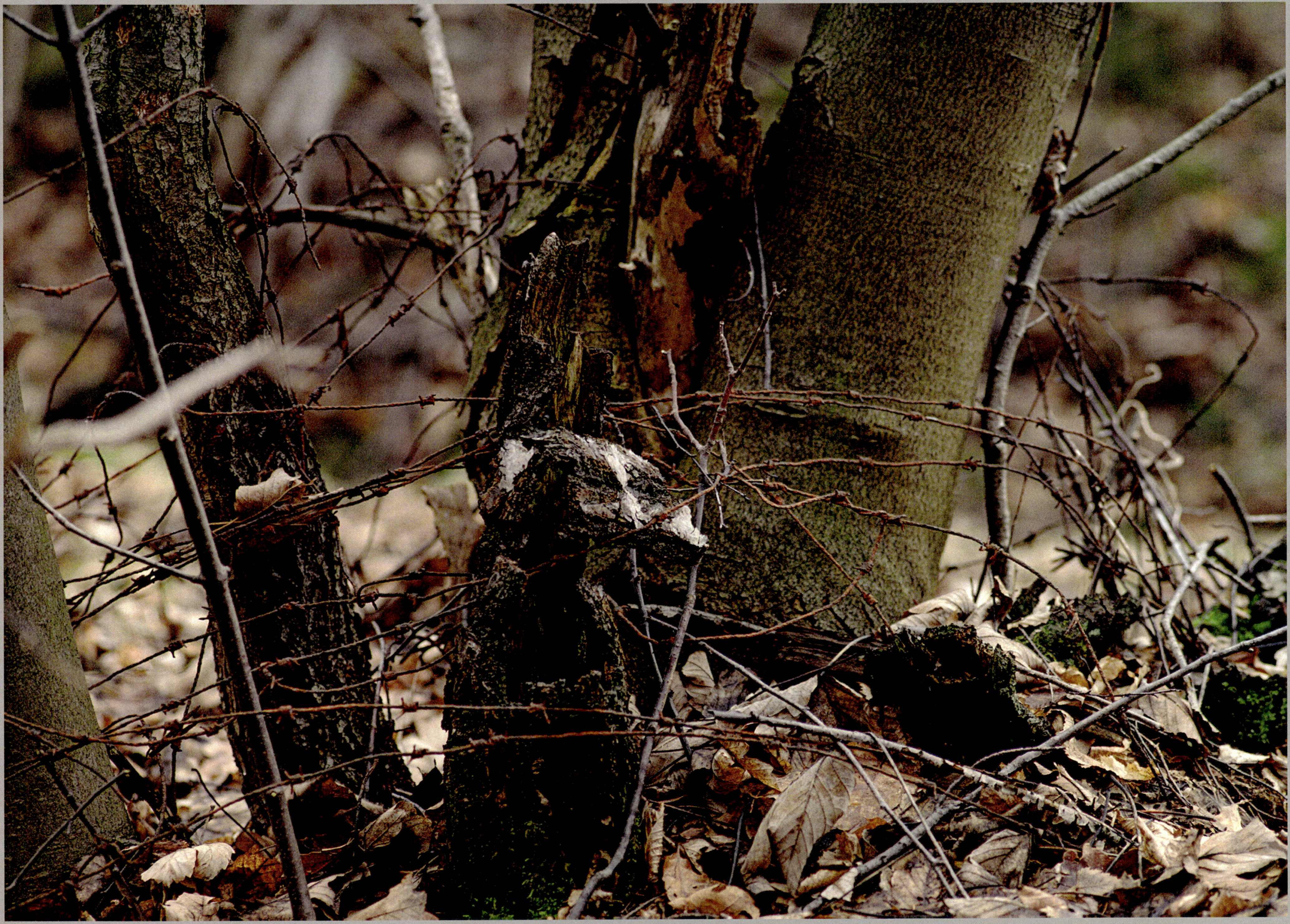

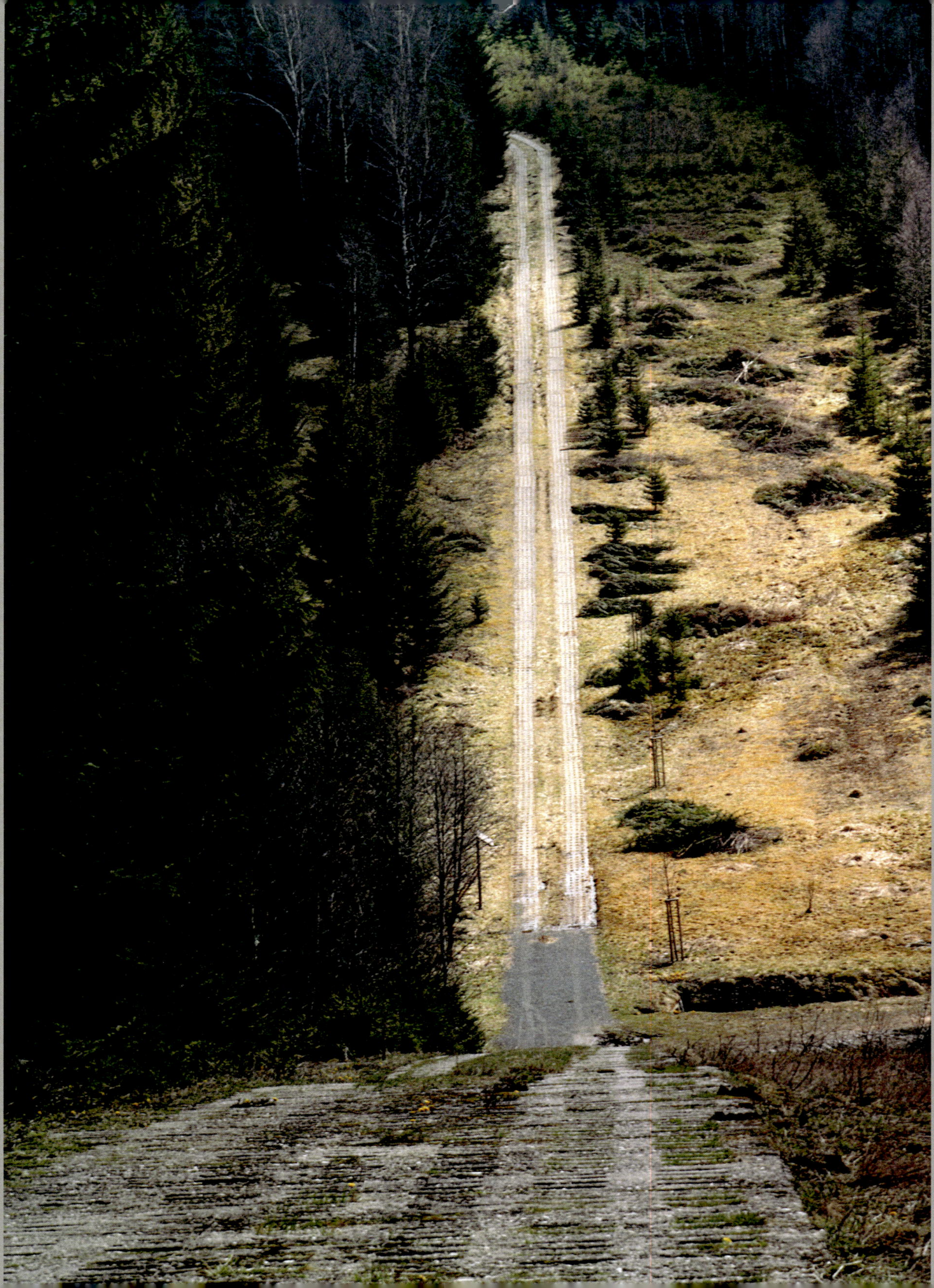

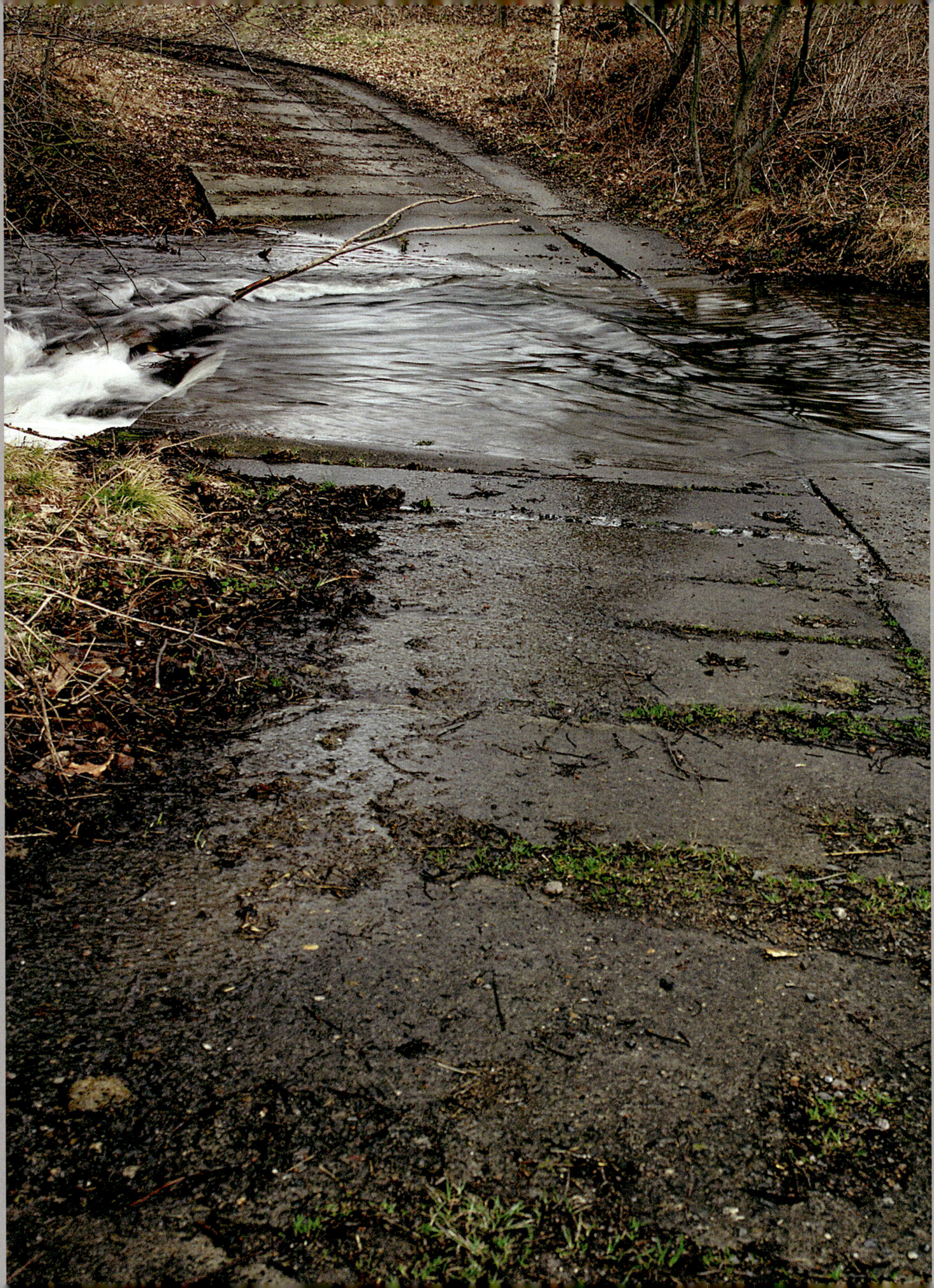

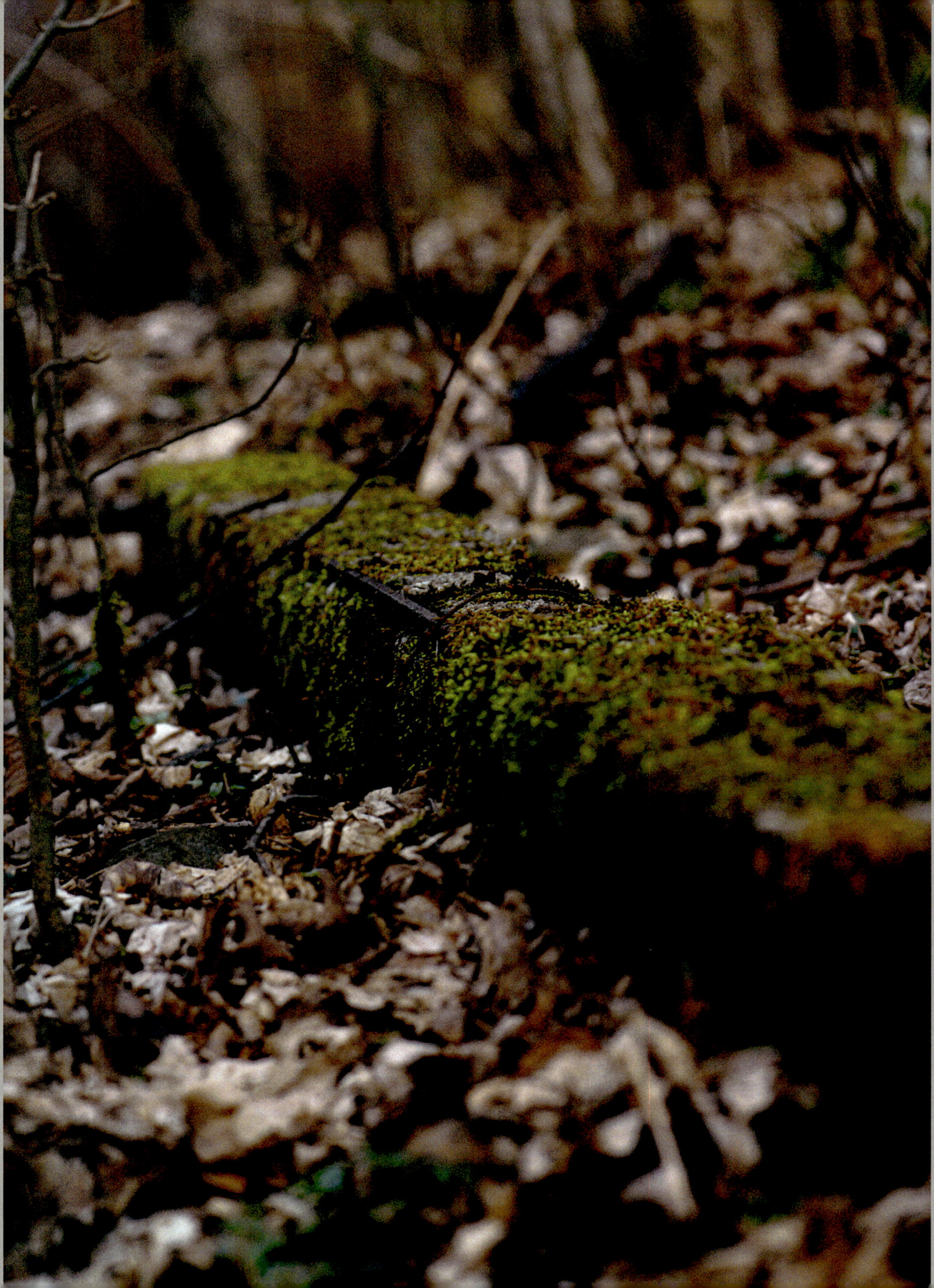

74/75

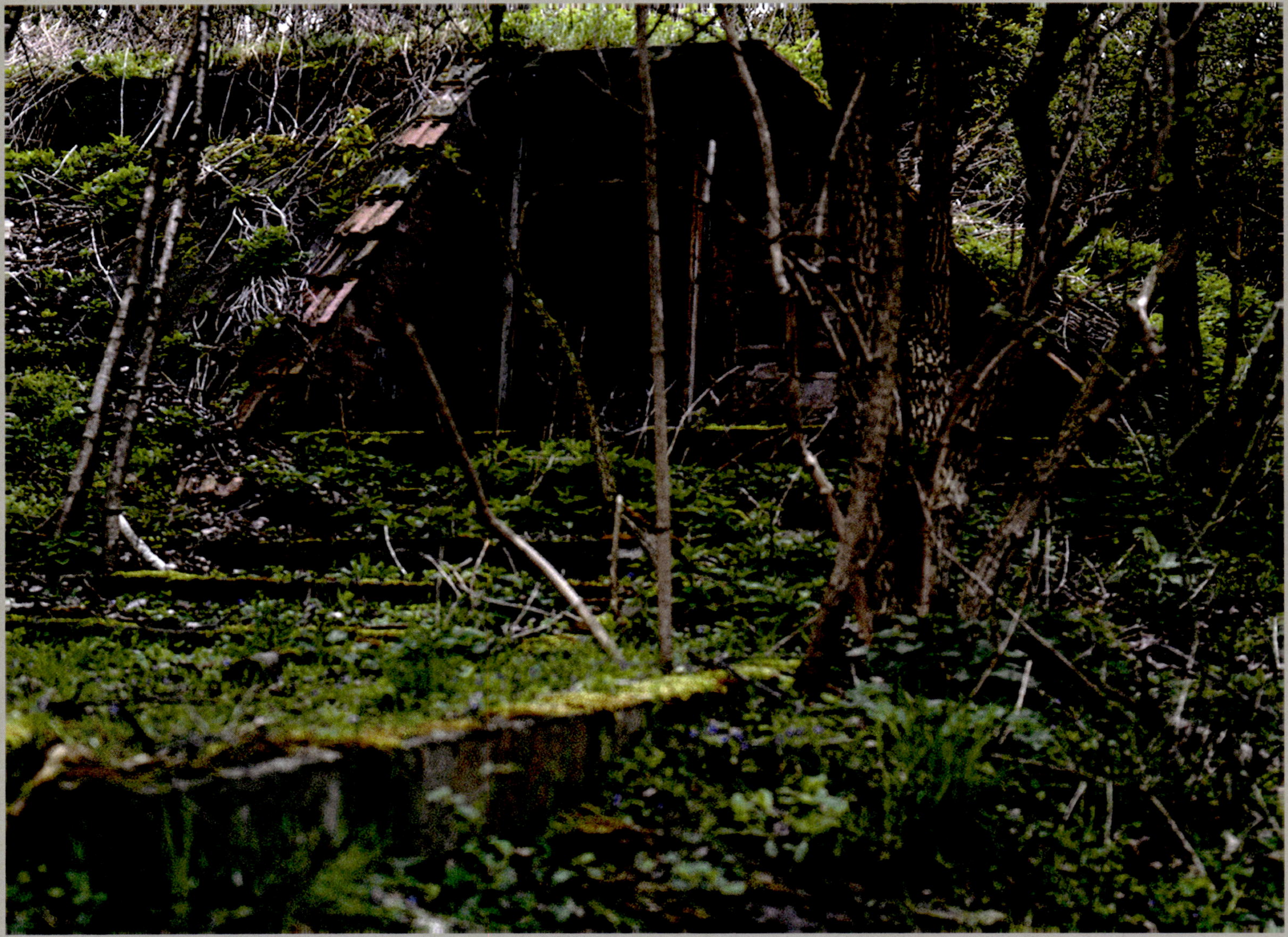

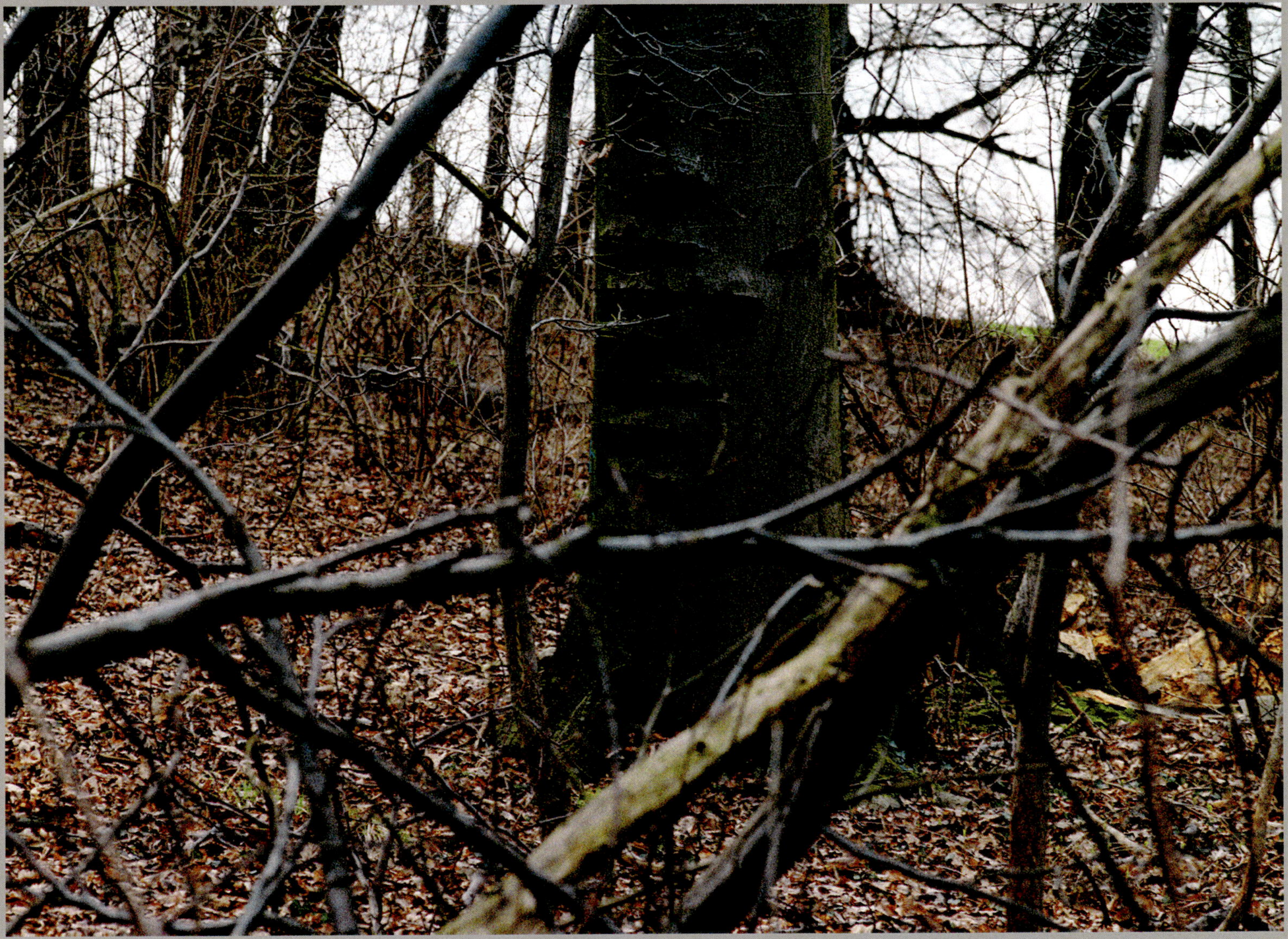

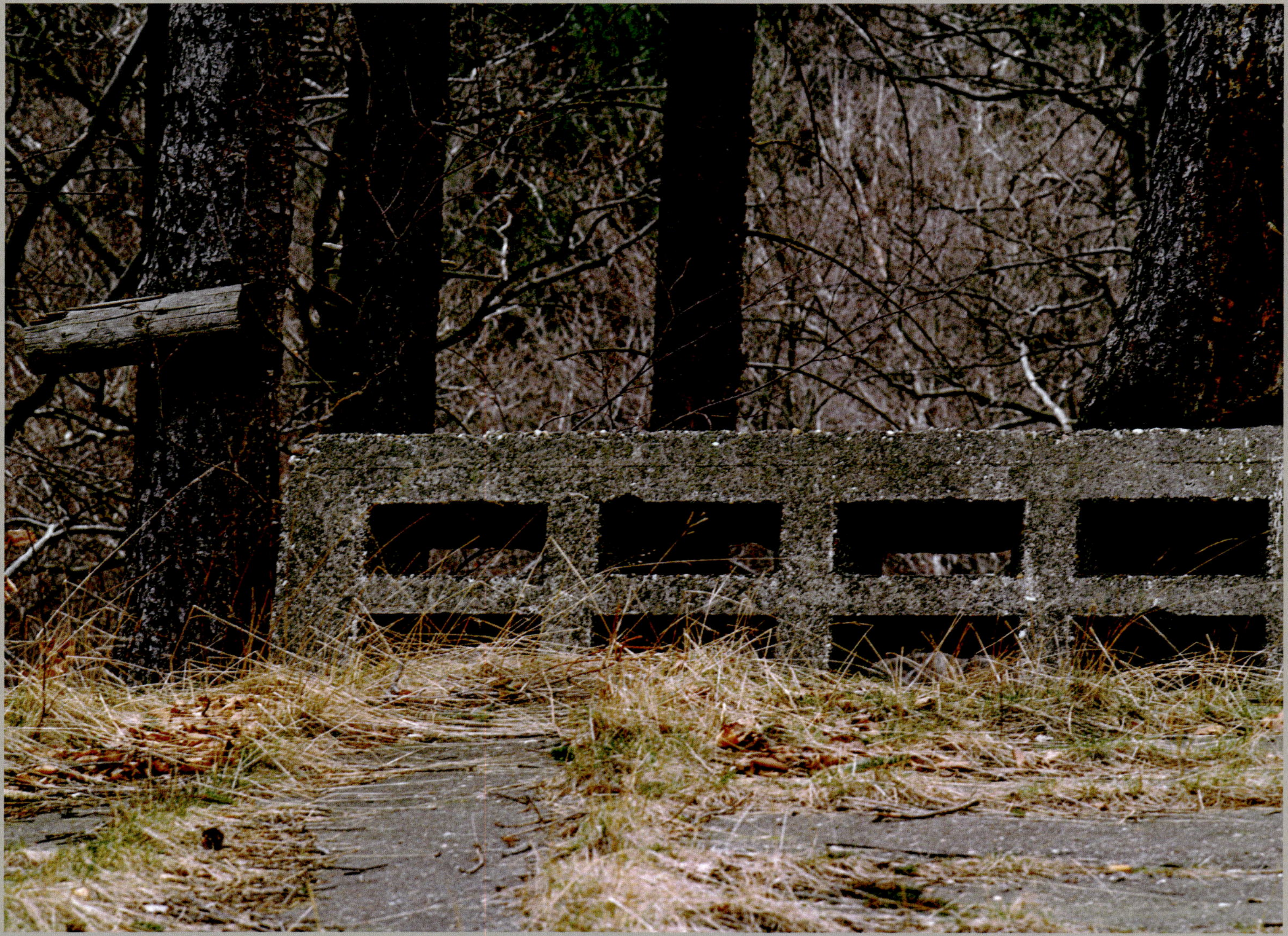

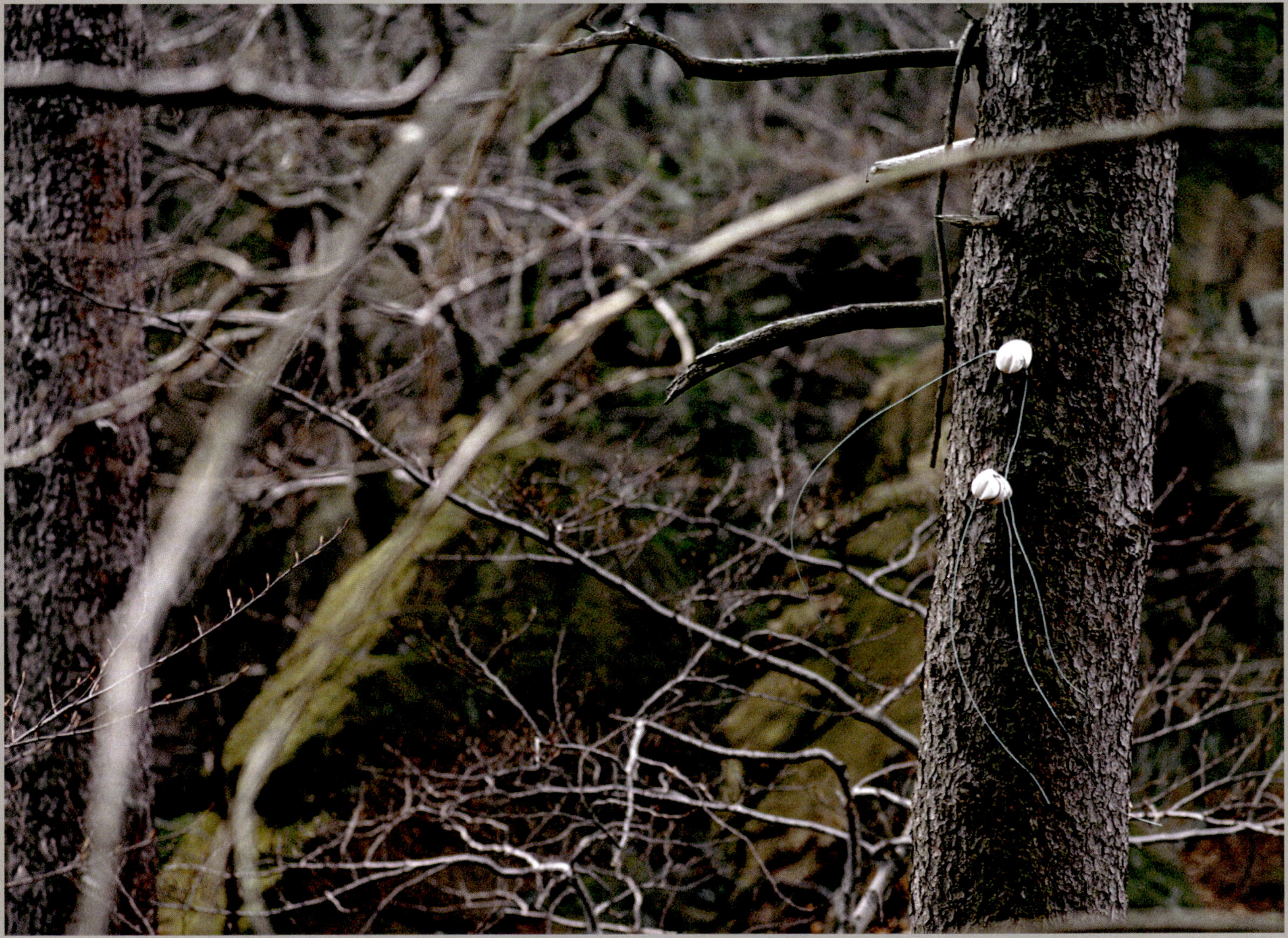

Über meine Arbeit

Über meine Arbeit	Seite
Was aus der Grenze wurde	84
Kurzfassung der Geschichte	85 - 87
Projektentwicklung	88
Erlebnisse	89 - 91
Aufbau der Grenzanlage	92 - 93
Schlusswort	94 - 95
Anhang	96 - 111

Was aus der Grenze wurde.

Die Grenze - mitten durch Deutschland, von Lübeck bis Hof - zog sich mit perfekten Sperranlagen über 1.393 km hin und trennte nicht nur Deutsche von Deutschen, sondern war auch Trennlinie zwischen den beiden großen Machtblöcken der Welt: der ehemaligen Sowjetunion und den Vereinigten Staaten von Amerika.
Um die Tendenz massenhafter Abwanderungen von Ostdeutschland nach Westdeutschland zu unterbinden, wurden von der DDR Sperrsysteme errichtet, die von 1948 bis 1989 nach und nach zu einer nahezu perfekten Festung mit tödlichen Minen und Selbstschussanlagen ausgebaut wurden.

Am 9. November 1989 wurde die Öffnung der Grenzübergänge in Berlin und an der innerdeutschen Grenze friedlich erzwungen und am 1. August 1990 kam der Regierungsbeschluss, alle Grenzanlagen zu veräußern.

Die Grenzanlage wurde gründlich abgeräumt.

Dennoch habe ich, 14 - 20 Jahre nach der Grenzöffnung, viele verdeckte und vergessene Spuren der ehemaligen DDR-Grenze entdeckt. Hierbei stellte ich fest, dass sich heute Teile dieser abgeräumten Grenzbefestigungen in Grenzmuseen befinden.

Andere Zeitzeugen wie Grenzpfähle stehen auch in Vorgärten. Materialien wie Metallgitterzäune und Betonpfähle wurden in der Landwirtschaft als Weidezäune verwendet. Ich fand vergessene Relikte und solche, die aufgrund der Finanzlage der Bundesländer nicht abgebaut werden konnten und wiederum andere, die als Zeugen der Vergangenheit bewusst stehen gelassen werden.

Insbesondere fand ich Spuren der ehemaligen Grenze in der Natur.

Kurzfassung der Geschichte

Am 8. Mai 1945 kapitulierte die Deutsche Wehrmacht bedingungslos. Der Zweite Weltkrieg - von Hitler-Deutschland entfesselt - ging zu Ende. Die oberste Regierungsgewalt in Deutschland ging am 5. Juni 1945 in die Hände der Siegermächte (Großbritannien, die Vereinigten Staaten von Amerika und die Sowjetunion) über, die Deutschland besetzt, aber nicht annektiert hatten.
Noch während des Krieges, am 12. September 1944, im Londoner „Protokoll über die Besatzungszonen in Deutschland und die Verwaltung von Groß-Berlin", wurde Deutschland, innerhalb seiner Grenzen nach dem Stande vom 31. Dezember 1937, in drei Zonen für Besatzungszwecke aufgeteilt. Jede der drei Mächte erhielt einen Zonenbereich zugewiesen. Eine französiche Besatzungszone durch Ausgliederung von westlichen Gebieten wurde nachträglich im Februar 1945 in Jalta vereinbart. Berlin unterwarf man der gemeinsamen Besatzung durch die vier Mächte. Die Deutschen erhielten keine zentrale Regierung, doch für Finanzen, Transport, Verkehr und Industrie sollte unter Aufsicht des Kontrollrates der Siegermächte eine zentrale Verwaltung tätig sein. Die wirtschaftliche Einheit sollte gewahrt werden.

Während der Wiederaufbau und die Einleitung des wirtschaftlichen Aufschwungs im westlichen Teil mit Hilfe der Westmächte erfolgte, wurde der östliche Teil aufgrund von Reparationszahlungen an die Sowjetunion derart ausgebeutet, dass eine wirtschaftliche Erholung nach dem Krieg unmöglich war.
Walter Ulbricht baute nach Vorbild und unter Druck der Sowjetunion den Sozialismus auf.
Dies bedeutete die Kollektivierung der Landwirtschaft und somit die entschädigungslose Enteignung vieler Großgrundbesitzer.
Auch die Industriereform vom Oktober 1945 führte zu einer einschneidenden Umgestaltung. Aus den von der sowjetischen Militäradministration beschlagnahmten, meist schwerindustriellen Betrieben des Staates, der Wehrmacht, der NSDAP und ihrer Funktionäre bildete man entweder sowjetische Aktiengesellschaften (SAG), oder man übergab sie den deutschen Verwaltungsgesellschaften, die sie als „Volkseigene Betriebe" (VEB) führten.

Die Westmächte hatten sich mit Zustimmung der Deutschen zur Gründung der Bundesrepublik Deutschland entschlossen, um dem staatlichen Leben für eine Übergangszeit eine Ordnung zu geben. So kam es im Herbst 1949 zur Gründung der beiden deutschen Staaten: der Bundesrepublik Deutschland, hervorgegangen aus freien Wahlen zum ersten Bundestag am 14. August 1949, und der Deutschen Demokratischen Republik, als sich am 7. Oktober 1949 der vom sogenannten dritten Deutschen Volkskongress bestimmte deutsche Volksrat zur provisorischen Volkskammer der DDR erklärte. Der Volkskongress war im Mai 1949 durch Zustimmung einer von der nationalen Front aufgestellten Einheitsliste zustande gekommen.
Ihm fehlte also die demokratische Legitimation.

Schon bald entflohen immer mehr Menschen diesem System. Bereits 1950 und 1951 flüchteten insgesamt 363.436 Menschen über die Zonengrenze in den Westen, wobei 50% der Flüchtlinge unter 25 Jahre alt waren.

Unter dem Vorwand, dass der Staat der Arbeiter und Bauern vor Agenten, Spionen und Diversanten geschützt werden müsse, erging am 26. Mai 1952 eine Verordnung des Ministerrates über Maßnahmen an der Demarkationslinie. Entlang der innerdeutschen Zonengrenze wurde eine etwa fünf Kilometer breite Sperrzone errichtet. Hiervon wurde ein Streifen von 10 Metern Breite unmittelbar an der Grenze abgeholzt und umgepflügt. Beim Betreten dieses Streifens schoss die Grenzpolizei ohne Anruf.

Die Bewohner der 5-Kilometer-Sperrzone wurden zum größten Teil ausgesiedelt. Nur „politisch zuverlässige Personen" durften zurückbleiben und erhielten einen besonderen Stempel in ihrem Personalausweis. Der Schienenverkehr, der Schritt für Schritt nach Beseitigung der Kriegsschäden allmählich auch über die Demarkationslinie hinweg wieder in Gang gekommen war, wurde weitgehend unterbrochen.

Ebenso kam der Straßenverkehr zum Erliegen. Lediglich fünf kontrollierte Straßen- bzw. Autobahnübergänge für den Interzonen- und Berlinverkehr blieben geöffnet. An allen anderen Übergangsstellen richtete die DDR Straßensperren ein. Die innerdeutsche Grenze - über 1.393 Kilometer von der Lübecker Bucht bis östlich von Hof - war entstanden.

Für die Menschen auf beiden Seiten waren diese Sperrmaßnahmen ein Schock. Nach Inkrafttreten der Sperrverordnung wurde sämtlichen Arbeitskräften das Pendeln über die Grenze untersagt. Es folgte die Enteignung oder Stilllegung von Betrieben westdeutscher Firmen, deren Gebäude auf dem Gebiet der DDR lagen, und das Zutrittsverbot der westlichen Bauern, die noch ihre Felder jenseits der innerdeutschen Grenze bewirtschafteten. Die Fluchtwelle von Ost nach West hielt an.

Während die Hohen Kommissare der Westmächte am 14. November 1953 den Interzonenpasszwang aufhoben und somit von westlicher Seite keine Einschränkung für den innerdeutschen Reiseverkehr bestand, änderte die DDR am 11. Dezember 1957 das Passgesetz dahingehend, dass zunächst ein Reiseverbot erging und später nur ein stark kontrolliertes Reisen möglich wurde. Jedes nicht genehmigte Verlassen der DDR wurde zur „Republikflucht" erklärt und mit Gefängnis bis zu drei Jahren, jede Vorbereitung zum Verlassen der DDR (Abwerbung, Fluchthilfe) mit Zuchthaus bestraft.
Des weiteren wurde der Klassenkampf nach innen und außen verstärkt.

Seit dem Frühjahr 1958 wurden die Sperranlagen fortlaufend verstärkt und vor allem in die Tiefe gestaffelt.

Obwohl für diese Sicherung der Staatsgrenze West der „Schutz vor Agenten und Saboteuren aus Westdeutschland" als Grund angegeben wurde, richteten sich alle diese Sperrmaßnahmen gegen unkontrolliertes Ausreisen und gegen das Verlassen der DDR und gipfelten am 13. August 1961 in einem Mauerbau durch Berlin und dem Ausbau und der Verstärkung der Grenzanlage mitten durch Deutschland. Die Menschen in Deutschland mussten sich nun für längere Zeit auf ein Leben mit dem Eisernen Vorhang, der durch ihr Vaterland lief, einrichten. Ab 1970 wurden am letzten Hindernis für Flüchtlinge, dem Metallgitterzaun, insgesamt 54.000 Selbstschussanlagen angebracht.

Aber auch nach dem Abbau der Selbstschussanlagen Ende 1984 und der Räumung der Bodenminen Ende 1985 blieb die innerdeutsche Grenze für Flüchtlinge praktisch unüberwindbar. Die DDR-Grenztruppen hatten ihr System der Grenzüberwachung perfektioniert. Auf wehrlose Flüchtlinge wurde weiterhin sofort geschossen.

Als Ergebnis einer grundlegenden Änderung in der Weltpolitik, des Aufweichens der Ostblockgrenzen sowie der extrem schlechten Versorgungslage in der DDR, erfolgte am 9. November 1989 die friedlich erzwungene Öffnung der Grenzübergänge in Berlin und an der innerdeutschen Grenze.
Auslöser war ein Versprecher von Politbüromitglied Günther Schabowski während einer Pressekonferenz.
Schon am nächsten Tag begann der Abriss der ersten Grenzanlagen.
Am 31. August 1990 wurde der Einigungsvertrag zwischen der Bundesrepublik Deutschland und der DDR geschlossen, der am 3. Oktober 1990 in Kraft trat.
Dieser Tag gilt heute als Tag der Einheit und wird als deutscher Nationalfeiertag gefeiert.

Die Teilung Deutschlands erfolgte unter Zwang der Alliierten.
Das Wunder der Einheit wurde aufgrund eines einheitlich starken Willens der Deutschen in Ost und West erreicht. Dessen ungeachtet werden die Unterschiede im Fühlen, Denken und Handeln wohl noch eine ganze Weile bestehen bleiben, nicht nur als Folge von vierzig Jahren Teilung, sondern
auch nach zwanzigjähriger Erfahrung mit der Einheit.

Projektentwicklung

In Westdeutschland geboren und bis 2007 wohnhaft direkt an der Grenze zu den Niederlanden, war mir die deutsch-deutsche Teilung natürlich bekannt, aber emotional fremd.
Durch die intensive Auseinandersetzung mit diesem Kapitel unserer Geschichte am Ort der Teilung, der ehemaligen Grenze, konnte ich mehr und mehr spüren, wie es den Menschen jenseits des Eisernen Vorhangs ergangen war. Gefühle wie Fremdkontrolle, Angst, Einengung, Abgrenzung, Unterdrückung, Bespitzelung habe ich als Nichtbetroffene nachträglich empfunden.

Die Grenzlinie von 1.393 km habe ich mir abschnittweise, d. h. in Touren von jeweils drei bis vier Tagen vorgenommen. Trotz guter Recherche waren lange, zeitaufwendige Wanderungen auf der Suche nach Relikten und Spuren erforderlich. Die Umsetzung meiner Arbeit erforderte viele einsame Wanderungen durch das jetzige „Grüne Band". Im Winter musste ich zum Teil schwierige Wetterverhältnisse in Kauf nehmen, was mir einen enormen Energieeinsatz und große Ausdauer abverlangte. Aber die Kontakte zu den Menschen vor Ort, die damit verbundenen Erlebnisse und ganz besonders die Möglichkeit, mich in die Tiefe meines Themas hinein begeben zu können, haben mich für alles entschädigt, so dass mein Interesse bis heute nicht nachgelassen hat und ich dieses Thema auch weiterhin verfolgen werde.

Mein Projekt entwickelte ich so, dass der Betrachter nachempfinden kann, welchen Emotionen die Menschen, die in dem System der ehemaligen DDR gelebt haben, ausgesetzt waren.

Es sind künstlerische Bilder entstanden, 14 - 20 Jahre nach Grenzöffnung, deren Aussage vorher so nicht möglich war. Ich empfinde mich als Transitreisende durch eine Zeitgeschichte in einem Teil, meines Landes, der mir noch immer fremd ist.

Erlebnisse

Im südlichsten Teil der Grenze, in der Nähe von Hof, übernachtete ich in einem Gasthof. Ich sprach den Wirt auf das Thema innerdeutsche Grenze an. „Nein, nein", wiegelte er ab, „wir haben hier nichts gesehen, wir konnten die Grenze gar nicht sehen und jetzt ist nichts mehr vorhanden, keine Spuren, nichts, man hat sie sehr gründlich abgeräumt." Kurze Zeit später kam er zu mir und erklärte, dass es in Mödlareuth ein Museum und ein Freiluftmuseum gäbe und ich dort alles sehen könnte. Zu weiteren Gesprächen war er nicht bereit. Mödlareuth als Museumsstadt habe ich mir angesehen, einige Vorgehensweisen wurden mir klar, aber es war nicht mein Thema, geschichtlich aufbereitete Dinge zu fotografieren.

Am nächsten Tag hatte ich einen Begleiter und wir begaben uns auf die Suche nach verschwundenen Ortschaften. Siedlungen, die im Kontrollbereich der ehemaligen DDR-Grenze lagen, wurden in Nacht- und Nebelaktionen niedergerissen, um eine bessere Sichtweite zu erhalten. Die Bewohner wurden vertrieben und mussten außer Hausrat und Kleidung alles, insbesondere ihren Viehbestand und ihre Gerätschaften, zurücklassen. Diese Aktionen bezeichnete man als Umsiedlung. Tatsächlich handelte es sich um Vertreibungen von Familien. Es entstanden sogenannte „Wüstungen". Heute sind diese kaum mehr erkennbar.

Ich war froh, heute nicht allein zu sein, denn wir wanderten abseits des Kolonnenweges in den Wald, über Wiesen und Felder, als uns plötzlich ein sehr aufgeregter Mann zurief, ob wir seinen Hund gesehen hätten. Der Schäferhund sei aus seinem Zwinger geflohen und sehr gefährlich. Doch gab uns der Mann auch einen Hinweis auf Grenzsteine mit DDR-Aufschriften, die sich, unter Tannen versteckt, im kleinen Wäldchen befanden und die ich ohne seine Hilfe nicht gefunden hätte. Wir fanden dann tatsächlich Gerätschaften sowie den mit Moos überwucherten Rest einer Gebäudemauer, Zeugen des ehemaligen Dorfes Troschenreuth, und eine Unterschlupfhöhle, in der sich die Grenzwächter eingerichtet hatten.

Kurze Zeit später entdeckte ich eine Schneise. Sie verlief über die Wiese und weiter durch den Wald. Hier verlief einst der Eiserne Vorhang. Der Einschnitt in die Natur war auch noch 15 Jahre nach Abbau dieser Anlage gut sichtbar. So zeigt uns die Natur, dass die Wunden noch nicht verheilt sind, dass der Heilungsprozess noch andauert, sowohl in der Natur als auch beim Menschen.
Die Einschnitte waren tief.

„Die Kirschen des Baumes, der in meinem Garten steht, konnte ich nur von den Zweigen pflücken, die in meinen Garten hineinragten. Die Kirschen von den Zweigen, die über den Bretterzaun, der die Grenze in Zicherie darstellte, wuchsen, pflückten die DDR-Grenzwächter. Die Kirschen über dem Stacheldraht holten sich die Vögel." So sprach mich ein älterer Mann an, der bemerkte, dass ich mit meiner Kamera in der Hand nach Zeichen der Grenze suchte. Eine Bretterwand als Straßensperre teilte ein kleines Dorf in zwei Ortschaften, Zicherie und Böckwitz. Zwei Grenzwächter lauschten hinter dieser Bretterwand. Einen Wachtturm gab es auch. „Vor der Errichtung der Grenzanlage haben sich die Dorfbewohner gekannt, später durften wir uns nicht mehr grüßen, auch ein Zuruf über den Zaun hinweg war nicht gestattet. In meinem Garten, der direkt an den Zaun grenzte, durfte ich nicht sprechen, denn ich wurde dort immer belauscht." Und dann erzählte er die Geschichte vom Schützenfest. Zum Leidwesen der Bewohner von Böckwitz (Ost) wurde in Zicherie (West) einmal jährlich ein Schützenfest gefeiert. Die Musik und die Feierlaune schallten den Böckwitzern drei Tage lang in die Ohren, aber teilnehmen an dem Fest konnten sie nicht. Einmal schlossen drei junge Männer an einem dieser Schützenfesttage, in guter Bierlaune, eine Wette ab. Auf ein Startzeichen hin wollten alle drei die Bretterwand, die die Verbindungsstraße sperrte, einmal anfassen und sofort zurückrennen. Dies war streng untersagt, da ein Streifen von ca. 1 m vor der Grenze zum Territorial des Ostsektors gehörte.
Zwei Männer hatten es geschafft, einer verschwand für zwei Jahre. Die Grenzwächter hatten diese Männer belauscht und zugegriffen. Nicht einmal die Eltern wurden während der zwei Jahre hierüber informiert.
In der Nähe dieser Grenze wurde 1961 der westdeutsche Journalist Kurt Lichtenstein von DDR-Soldaten erschossen.

Die Bahnkralle der abgetrennten Eisenbahnstrecke in Eckertal/Stapelburg, habe ich zum wiederholten Mal ins Bild gesetzt. Ich hatte mir eine Isolierplane mitgenommen, um mich auf den feuchten Waldboden legen zu können. Eine ganze Weile muss ich dort gelegen haben, mit voller Konzentration auf die Fokussierung, als mich plötzlich ein Mann anschrie: „Was machen Sie denn da!"
Mir blieb das Herz stehen! Aufgrund der Konzentration hatte ich nichts mehr wahrnehmen können, nicht einmal Geräusche. Dieser Wanderer hatte mich aus der Ferne gesehen und, da ich reglos am Boden lag, für eine Leiche gehalten.
Letztendlich waren wir beide erleichtert, als die Situation geklärt war.

Ich lief über den Kolonnenweg zwischen Hornburg und Rhoden, als mich ein älterer Herr, auf der Suche nach einem Gesprächspartner, ansprach. „Ich kenne mich hier gut aus", meinte er. „Immerhin habe ich hier viele Jahre auf dem Wachtturm gestanden. Ich habe nur meine Pflicht getan. Auch hatte ich damit ein Auskommen für meine Familie. Wir hatten auch den Befehl zu schießen. Es waren ja unsere Feinde."
Immer wieder zog er geheimnisvoll seine Schnapsflasche aus der Tasche und nahm einen Schluck daraus. Dankbar, mich als Zuhörerin gewonnen zu haben, erzählte er über sein Leben nach der Wende.
Er hatte eine Gaststätte in der Nähe der ehemaligen Grenze eröffnet, die zunächst gut lief. Später musste er sie mangels Gästen schließen. Anschließend fand er keine Arbeit mehr. Nun sitzt er beinahe täglich auf der Bank am Kolonnenweg, in der Nähe seines ehemaligen, nicht mehr vorhandenen Wachtturmes.
Mit seiner inneren Zerrissenheit kämpfend, versucht er sein Leben zu rechtfertigen.

Er erklärte mir einen Weg zu einem versteckt liegenden Bunker. „Wissen Sie, dass sich in diesem Bunker die Offiziere vergnügt haben? Es gab Alkohol und verschiedene Damen sind gekommen. Ich weiß nicht, woher sie kamen, aber wir durften nicht stören. Wir durften auch nicht darüber reden."

Den Bunker habe ich gefunden. Es war für mich ein entsetzliches Gefühl, dass sich hier Männer vergnügten, während nebenan *deutsche* Wächter ihre Gewehre möglicherweise auf *deutsche* Landsleute richten mussten, die die *Deutsche* *D*emokratische Republik verlassen und in die Bundesrepublik *Deutschland* fliehen wollten.
Waren *das* die Feinde?

Aufbau der Grenzanlage

Das Sperrsystem der DDR begann schon 3 bis 5 km vor der Grenze und wurde als „**Sperrzone**" gekennzeichnet. Bewohner dieses Streifens konnten nur mit einer Sondergenehmigung in ihr Dorf gelangen. DDR-**Grenztruppen** und ihre „Freiwilligen Helfer" haben dieses Gebiet engmaschig überwacht. Ortschaften wurden mit einer **Betonsperrmauer**/Sichtblende umgeben.
An die „Sperrzone" schloss sich ein 200 bis 500 m breiter „**Schutzstreifen**" an. Dieser begann, von der DDR-Seite zum Bundesgebiet hin gesehen, mit einem **Kolonnenweg** (mit Betonplatten befestigter Weg) und einem **Kontrollstreifen**, der vor allem zur Feststellung von Spuren dienen sollte.
Als erstes Hindernis schloss sich ein zweieinhalb bis drei Meter hoher **Grenzsignalzaun** an.
Dieses elektrische Sperrsystem alarmierte bei Berührung die Grenztruppen.
An unübersichtlichen Stellen innerhalb des „Schutzstreifens" befanden sich **Hundelaufanlagen** und gespannte **Stolperdrähte**, die bei Berührung Signale gaben. Diese Stellen wurden nachts zusätzlich mit **Scheinwerfern** beleuchtet.
Verstärkt wurde das Ganze durch **Beton-Beobachtungstürme** in den Normen 2 x 2 m, 4 x 4 m, BT11 oder **Beobachtungsbunker**.

Nach diesem Schutzstreifen verlief vor der gesamten Grenze ein **weiterer Kolonnenweg**, über den motorisierte Einheiten schnell an die Stellen gelangten, an denen Flüchtlinge vermutet wurden. Geländeabschnitte, die sich für Fluchtversuche mit Kraftfahrzeugen eigneten, wurden durch einen ein Meter tiefen und zwei Meter breiten **Kfz-Sperrgraben**, versehen mit eingelassenen Betonplatten, zusätzlich gesichert, gefolgt von einem **erneuten Kontrollstreifen** von sechs Metern Breite.

Den Abschluss der Sperranlagen in Richtung Bundesrepublik bildete ein drei Meter hoher **Metallgitterzaun**.
Von dort waren es dann noch einige Meter bis zur eigentlichen Grenze über einen abgeholzten **Geländestreifen**, der durch **Grenzsteine** markiert war.
Zusätzlich wurden Straßen mit **Querbalken** durchschnitten, die an der Weiterfahrt hinderten.
Schon seit 1948 existierte in der DDR ein **Schießbefehl** für Grenzpolizisten, die notfalls mit Waffengebrauch DDR-Bürger an einer Flucht in den Westen zu hindern hatten.

Hinzu kamen **Betonbunker mit Schießscharten, Selbstschussanlagen, Erdminen** usw.
In Hötensleben bestand die Anlage aus diversen Sicherungs- und Absperrvorrichtungen und zusätzlich aus **zwei Mauern**.

Flüchtlinge, die sich nach Überwindung der ersten Mauer bereits in Freiheit wähnten, mussten für diesen Irrtum mit ihrem Leben bezahlen.

Am 30.06.1989 standen an der innerdeutschen Grenze:
- 1.265 km   Metallgitterzaun
- 29,1 km   Betonsperrmauer
- 71,5 km   Hundelaufanlagen
- 578   Beobachtungstürme
- 1.393 km   Kolonnenweg

Vom Bundesgebiet aus war die Grenze nicht abgesperrt, sondern nur gekennzeichnet. Unmittelbar hinter den Schildern mit der Aufschrift **„Halt! Hier Grenze"** verlief die Grenzlinie von Grenzstein zu Grenzstein.

Schluss

Wie schon zu Beginn angesprochen, verdeckt die Natur zu bestimmten Zeiten einige Dinge, macht sie zu anderen Zeiten sichtbar und lässt immer wieder Neues entstehen.
In meiner Fotografie habe ich das Leben mit einbezogen, obwohl die Abbildung des Menschen in meinen Bildern nicht vorkommt. Aufgrund des Eingriffes in die Natur, den der Mensch erzwungen hat, nämlich die massive Grenzanlage zu errichten, sie wieder zu entfernen und damit gravierende Spuren zu hinterlassen, ist er als Täter und auch als Betroffener in meinem Werk wahrzunehmen. Die Wunden sind noch lange nicht verheilt. Die Jahreszeiten zeigen mal die Einschnitte mit Baumlaub und Gräsern überdeckt, mal in unverhüllter Form. Dieser Wechsel von Zudecken und Aufdecken ist hilfreich für den Glauben daran, dass nach langer Heilungsphase ein gutes, vertrautes Miteinander möglich sein wird.

Es war die Ohnmacht gegenüber Macht und Gewalt, mit der wir Deutschen all dieses Leid ertragen haben, und wiederum ist es Ohnmacht, mit der wir der Wiederaufnahme nachbarschaftlicher, kultureller und darüber hinaus auch wirtschaftlicher Kontakte zwischen Deutschen auf beiden Seiten der ehemaligen Demarkationslinie nach wie vor begegnen, da wir nicht wissen, wie wir damit umzugehen haben. Binnen relativ kurzer Zeit sind die Bilder von dieser jahrzehntelang prägenden und Schrecken verursachenden Grenze verdrängt und vergessen worden. Die Einigungseuphorie von 1990 ist schon lange verklungen.

Menschen haben diese menschenverachtende Grenzanlage geschaffen. Menschen haben dort gelebt und leben noch heute mit den persönlichen Verletzungen und seelischen Narben. Dieses bis zur Perfektion ausgereifte Grenzsystem zeigt, wie Menschen die Technik missbräuchlich zur Freiheitsbegrenzung anderer einzusetzen vermögen. Andererseits beweist die friedliche Überwindung der Teilung Deutschlands, dass eine noch so ausgefeilte Technik mit Bespitzelung, Mauern und Bewachung ein Volk auf Dauer nicht trennen kann. Auch die Natur hat diesen Eingriff zum Teil noch nicht verarbeitet und zeigt uns noch immer die Spuren ihrer Verletzungen.

In Zeiten schlechter wirtschaftlicher Lage, in der die Regierung massive Einschnitte in unser Sozialsystem vornimmt und immer mehr Menschen in Deutschland verarmen, wächst die Spannung auf beiden Seiten. Um die deutsche Einheit zu vollenden, müssen beide Seiten vermutlich lernen, einander noch besser zu verstehen und die Meinung des anderen gelten zu lassen.

„Aufgrund unserer Geschichte brauchen wir Deutsche die höchste Sensibilität und die niedrigste Toleranz gegenüber Intoleranz."
Johannes Rau, ehemaliger Bundespräsident

Anhang

Beschreibung ausgewählter Bilder

Seite 11
Detailaufnahme des äußeren Grenzzaunes.
Im ganzen Grenzbereich wurde ausschließlich das fotografierte Material, verzinktes Rautengitter, verwendet. Dieser Zaun war ca. 3,20 m hoch und wurde mittels Überlappung sowie Schrauben und Muttern am Betonpfosten befestigt. Die Schraube wurde gezielt mit dem Kopf nach Osten und der Verschraubung nach Westen ausgerichtet, damit bei einem eventuellen Übersteigen der Schraubkopf den Flüchtlingen aus dem Osten keinen Halt bieten konnte.

Seite 17
Ein undurchdringbarer Rollendraht mit rasiermesserscharfen Sichelwiderhaken und Erdankern diente der Verstärkung der Grenzanlage.

Seite 18
Dieser Bretterzaun verlief über die Verbindungsstraße und trennte dabei ein Dorf in zwei Ortschaften: Zicherie und Böckwitz. Er verhinderte die Durchsicht und galt als nicht überkletterbar. Hinter dieser Bretterwand konnten die Grenzwächter ungehindert lauschen.

Seite 20
Der auf diesem Bild gezeigte Mauerrest ist zur linken Seite hin geöffnet und erscheint zur rechten Seite hin als Weiterführung. Das Loch in der Mauer ermöglicht nun die Durchsicht. Ortschaften im Grenzbereich wurden mit einer Betonsperrmauer als Sperr- und Sichtschutz versehen.
An besonders gefährdeten Stellen verlief eine Mauer in Massivbauweise sehr nah an Wohnhäusern entlang und teilte Städte und Ortschaften, wie Berlin oder Mödlareuth, in Ost- und Westgebiete. Sie sollten unter anderem auch den Blick von Ost nach West verhindern. Bis in die 50er Jahre waren noch Unterhaltungen über die Zäune hinweg möglich. Danach galt, insbesondere für DDR-Grenztruppen, das absolute Kontaktverbot.

Seite 23
Die verschlossene Eisenbahnbrücke führte ursprünglich über die Elbe und wurde 1945, kurz vor Kriegsende, von den Alliierten gesprengt. Der Schienenverkehr, der nach der schrittweisen Beseitigung der Kriegsschäden allmählich auch über die Demarkationslinie hinweg wieder in Gang gekommen war, wurde weitgehend wieder unterbrochen. Da die Grenzlinie mitten durch die Elbe verlief, hat man diese Eisenbahnlinie zwischen West und Ost nicht mehr aufgebaut.

Seite 24
Der sehr feingliedrige und verwitterte Stacheldraht der ehemaligen Grenze zwischen Eckertal und Ilsenburg ist nun mit den jungen Bäumen verwachsen. Auch in dieser Symbiose ist die Sperre für Mensch und Tier nicht zu durchdringen.

Seite 26
Dieser Betonbeobachtungsturm mit Tunnelzugang, Scheinwerfern und Schießscharten gehörte zum Sicherungsbereich in Hötensleben und befand sich in unmittelbarer Nähe zu den Wohnhäusern.

Seite 27
Das Bild zeigt einen Mauerrest mit Blick auf eine Sperranlage mit Eisernem Vorhang, Panzersperren, Kolonnenweg und Birkenwäldchen, das als Sichtschutz diente, verbunden mit einem neu angepflanzten, jungen Bäumchen auf dem ehemaligen Grenzverlauf. In diesem Bild habe ich das Verhältnis Licht und Schatten einbezogen, um Hell und Dunkel als Symbol für Zukunft und Vergangenheit darzustellen. Das junge, frisch gepflanzte Bäumchen symbolisiert den Neuanfang.

Seite 28
Dieser Grenzzaun, der sogenannte Eiserne Vorhang, und Panzersperren, auch Spanische Reiter genannt, führten direkt an den Häusern einer Stadt entlang. Bei den als besonders gefährdet eingestuften Stellen, insbesondere in der Nähe von Ortschaften, wurde das System der Sperranlagen mittels Spanischer Reiter verstärkt, um Durchbruchversuche von schweren Kraftfahrzeugen und Panzern zu verhindern. Auch diese besonders gesicherten Anlagen zogen sich über lange Strecken hinweg und sperrten ganze Ortschaften ein. Die Bewohner des Ortes durften ihre Siedlungen nur mit einem besonderen Ausweis und unter Angaben von Gründen verlassen.
Neuansiedlungen wurden nicht zugelassen. Lediglich die Männer des Ortes konnten durch Eheschließung eine externe Ehefrau einbürgern, wogegen Frauen des Ortes nach Heirat eines externen Mannes diesen Ort verlassen mussten. Bei den Anliegern hat diese menschenverachtende Grenze ihren Schrecken wohl verloren. Sie hatten sich vor der Wende an den Blick auf diese Anlage gewöhnt und scheinen sich auch heute nicht daran zu stören. Nur so kann ich mir die Neuansiedlungen in unmittelbarer Nähe, mit ständigem Blick auf die noch vorhandene Grenzsicherungsanlage, erklären.

Seite 33
Diese Spähanlage liegt ca. 15 m von einem Wachtturm entfernt unter einem Erdhügel und ist unterirdisch erreichbar gewesen. Von diesem Kontrollpunkt aus hatte man eine weite Sicht zu einem angrenzenden Wäldchen, unter dessen Sichtschutz viele Menschen zu flüchten versuchten.

Dieser Bunker ist in hohes Gras eingebettet, so dass er für Flüchtlinge kaum sichtbar war. Aus Verstecken dieser Art wurden Flüchtlinge und andere Grenzverletzer verhaftet oder erschossen.

Seite 35
Ein abgebrochener Fahnenmast dient der Erinnerung an die „geschleiften", d. h. bis auf das Fundament niedergerissenen Dörfer Jahrsau und Grabenstedt.

Seite 37
Es hat nicht ausgereicht, diese Bahnschienen als Verbindungsstrecke zwischen Ost und West stillzulegen und eventuell eine Barriere aufzustellen. Zur Sicherheit wurden Böschungen abgegraben, Gleise abgeschnitten und zusätzlich mit einer Bahnkralle versehen. Lediglich 6 von 56 Punkten der Überquerungsmöglichkeiten der Demarkationslinie im Schienenverkehr blieben für den Interzonen- und Berlinverkehr zugelassen. Alle anderen wurden von den DDR-Behörden gesperrt oder demontiert.

Die als zusätzliche Sicherheit fest aufgeschraubte Bahnkralle lässt die Angst der Machthaber erkennen, dass Menschen sich ihren Anordnungen widersetzen könnten. Die ins Unscharfe und ins Unendliche verlaufende Gleisführung symbolisiert den noch vor uns liegenden weiten Weg der Entwicklung des Zusammenfindens und Zusammenlebens von Menschen, die für Jahrzehnte von unterschiedlichen Staatssystemen geprägt wurden. Sie symbolisiert auch erkennbare und nicht erkennbare Blockaden im Verlauf der Einigung.

Seite 38
Der Signalzaun mit elektronischer und akustischer Signalanlage wurde als Vorsperre des Grenzsperrsystems gebaut. Bei Berührung oder Zerstörung der Signaldrähte erfolgte eine Alarmierung der Grenztruppen. Die Flüchtlinge wurden gesucht und wie Wild gehetzt. Nach einer Alarmierung durch die Vorsperre war die weitere Flucht ein tödliches Risiko.

Seite 39
Eine Schneise, die durch den Verlauf des ehemaligen Grenzzaunes entstanden ist, führt durch Wald und Wiese. Andeutungsweise sind noch der Kolonnenweg und der Sperrgraben zu sehen. Ohne Rücksicht auf die Natur oder Ansiedlungen hat man den Grenzzaun 1952 genau auf der Grenzlinie des Gebietes des Deutschen Reiches, in den Grenzen vom 31. Dezember 1937 aufgebaut und die im Grenzverlauf vorhandenen Häuser und Bäume einfach entfernt. Diese Schneise ist nur in den Wintermonaten sichtbar.

Seite 41
Dieses Bild zeigt Zaunmaterialreste, bestehend aus verzinktem Rautengitter, an Betonpfählen befestigt und massiv im Boden verankert und verdeutlicht den tiefen Eingriff in die Natur. Mit dieser Art Material und Befestigungssystem hat man den Eisernen Vorhang von Nord bis Süd über eine Strecke von 1.393 km erstellt.

Seite 42
Hier ist das verschlossene Tor aus verzinktem Rautengitter zu sehen, hinter dem sich die Gebäude des ehemaligen Auffanglagers Marienborn, West, befanden. Menschen, die unter großen Gefahren die Grenze passiert hatten, wurden hier bis zur Klärung und Regelung der Verhältnisse untergebracht.

Seite 55
Ein mit Moos und Flechten bedeckter Gebäudemauerrest, vereinnahmt von der Natur, ist Zeitzeuge des ehemaligen Dorfes Troschenreuth. Siedlungen, die im Kontrollbereich der ehemaligen DDR-Grenze lagen, wurden in Nacht- und Nebelaktionen niedergerissen, um eine bessere Sichtweite zu erhalten. Mit den Aktionen „Ungeziefer" und „Kornblume" wurden die Bewohner vertrieben und mussten außer Hausrat und Kleidung alles, insbesondere ihren Viehbestand und ihre Gerätschaften, zurücklassen. Diese Aktionen bezeichnete man als Umsiedlung. Tatsächlich handelte es sich um Vertreibung von Familien von ihrem Grundbesitz. Es entstanden sogenannte „Wüstungen". Heute sind diese kaum noch erkennbar. Für die Betroffenen ist bis heute sicherlich noch kein Gras über die willkürliche Vertreibung gewachsen.

Seite 56
Dieses Bild zeigt einen Teil des Aufbaus eines Schutzstreifens, wie er über eine Länge von 1.393 km mitten durch Deutschland verlief. Er begann, von der DDR-Seite zum Bundesgebiet hin gesehen, mit einem Kolonnenweg, einem Kontrollstreifen und KFZ-Sperrgraben und endete mit einem Metallgitterzaun. Über die gesamte Grenzlinie hin verlief ein Kolonnenweg mit Fahrspurplatten und erdverkabeltem Grenzmeldenetz, über den motorisierte Einheiten schnell an die Stellen gelangen konnten, an denen Flüchtlinge vermutet wurden. Der Kontrollstreifen diente vor allem zur Feststellung von Spuren. Der KFZ-Sperrgraben bestand aus einer Abgrabung und aufrecht gestellten Betonplatten und diente der Verhinderung von Fluchtversuchen mit Kraftfahrzeugen. Den Abschluss der Sperranlage in Richtung Bundesrepublik bildete ein 3,20 m hoher Metallgitterzaun und ein abgeholzter geräumter Geländestreifen bis zur eigentlichen Grenze.

Seite 57
Die DDR-Grenzsäule in den Farben Schwarz, Rot und Gold war ca. 1,80 m hoch und stand wie hier an der Ecker, direkt hinter der eigentlichen Grenzlinie. Aufgrund der ständigen natürlichen Veränderung des Bachbettes war der Grenzverlauf nicht eindeutig eingrenzbar. Wie ein Bachlauf Grenzen verändert und Bodenminen weggeschwemmt werden, sprengt der korrodierende Stahl den Beton der Grenzsäule ab und zeigt die Vergänglichkeit.

Seite 63 bis 66
Der Blick aus dem Fenster - durch ein Loch in der Nylongardine - auf die Nebengebäude der Grenzkompanie bei Bergen offenbart den grauen Alltag in einer Grenzkaserne. Mit den Übungsgeräten der Laufanlage wurden die Grenzsoldaten für ein Verhalten bei Fluchtversuchen trainiert. Gesplitterte Glasscheiben, zerrissene Gardinen, zerfallene Fahrzeughallen, abgerissene Deckenleuchten, entwendete Heizkörper und zerstörte Scheiben lassen die Wut der Soldaten und auch die Wut eines Volkes auf ein abgewirtschaftetes System mit einem menschenunwürdigen Umgang erkennen.

Seite 70
Schlupflöcher und Höhlen dieser und ähnlicher Art nutzten die Grenzsoldaten in unmittelbarer Nähe der innerdeutschen Grenze als Vorposten. Bei dieser ausgebauten Höhle verlief die eigentliche Grenze über den Berg. Flüchtlinge, die den Metallgitterzaun überwinden konnten, befanden sich noch nicht in der Bundesrepublik, sondern noch auf dem Gebiet der DDR. Über Höhlen und Tunnelanlagen wurden Agenten von Ost nach West geschleust.

Seite 72
Der Stacheldraht hat sich wie eine Fußangel um die Baumstämme gewunden. An dieser Stelle wurde der Grenzzaun nach Öffnung der Grenzanlage aufgeschnitten und niedergetreten.

Seite 73
Ohne Rücksicht auf natürliche Grenzen wurde hier der Kolonnenweg durch die Ecker, außerhalb der Ortschaft Abbenrode, gezogen. Diese Furt diente den Grenztruppen zum schnellen Erreichen der Grenzlinie und ermöglichte Kontrollfahrten zwischen bewohnten Ortschaften in Grenznähe.
Heute existiert diese Furt nicht mehr. An dieser Stelle fischt heute der Graureiher seine Beute.

Verzeichnis der Bilder

Seite	Ort und Aufnahmedatum	Seite	Ort und Aufnahmedatum
11	Wiedelah, 2003	41	Wiedelah, 2003
14	Stapelburg, 2006	42	Marienborn, 2004
16	Sorge, 2008	55	Sachsgrün/Troschenreuth, 2003
17	Zicherie/Böckwitz, 2004	56	Mödlareuth, 2003
18	Zicherie/Böckwitz, 2004	57	Stapelburg, 2004
19	Stapelburg, 2006	58	Hötensleben, 2004
20	Görsdorf, 2003	59	Wehningen/Elbe, 2003
21	Stapelburg, 2006	60	Wehningen/Elbe, 2003
22	Rhoden, 2006	61	Stapelburg, 2004
23	Dömitz, 2003	62	Stapelburg, 2004
24	Stapelburg, 2006	63	Bergen/Darsekau, 2004
25a	Zicherie/Böckwitz, 2004	64	Bergen/Darsekau, 2004
25b	Hötensleben, 2004	65	Bergen/Darsekau, 2004
26	Hötensleben, 2004	66	Bergen/Darsekau, 2004
27	Hötensleben, 2004	68	Hötensleben, 2004
28	Hötensleben, 2004	69a	Markusgrün/Hartmannsreuth, 2003
30	Rhoden, 2006	69b	Markusgrün/Hartmannsreuth, 2003
32a	Rhoden, 2009	70	Markusgrün/Hartmannsreuth, 2003
32b	Rhoden, 2009	72	Eckertal, 2008
32c	Rhoden, 2009	73	Sorge, 2008
33	Hoyersburg, 2004	74	Abbenrode, 2006
35	Jahrsau/Gr. Grabenstedt, 2003	75	Stapelburg, 2009
36a	Sorge, 2008	76	Rhoden, 2008
36b	Sorge, 2008	77	Rhoden, 2008
36c	Wiedelah, 2003	78	Rhoden, 2009
36d	Hof/Sachsgrün, 2003	79	Eckertal, 2009
37	Eckertal, 2004	80	Eckertal, 2009
38	Zicherie/Böckwitz, 2004	110	Eckertalsperre
39	Heinersgrün, 2003		

Kiel
Oldenburg
Plön
Eutin
Neumünster
Segeberg
Greves-
mühlen
Wismar
Lübeck
Selmsdorf
Hermburg
Gadebusch
Schwerin
Bad Oldesloe
Hamburg
Zarrenthin
Godow
Büchen
Schwanheide
Lauenburg
Horst
Parchim
Hagenow
Winsen
Ludwigslust
Lüneburg
Bremen
Perleberg
Soltau
Uelzen
Lüchow
Fallingborstel
Bergen (Dumme)
Salzwedel
Osterburg
Bundesrepublik
Deutschland
Celle
Zicherie
Böckwitz
Kalbe
Klötze
Stendal
Berlin
(West)
Hannover
Gifhorn
Gardelegen
Oebisfelde
Tangerhütte
Wolfsburg
Haldensleben
Braunschweig
Wolmirstedt
Helmstedt
Marienborn
Hildesheim
Hameln
Wolfenbüttel
Magdeburg
Salzgitter
Oschersleben
Wanzleben
Bad Harzburg
Halberstadt
Holzminden
Goslar
Stassfurt
D D R
Paderborn
Osterode
Wernigerode
Aschersleben
Northeim
Quedlinburg
Bad Sachsa
Göttingen
Nordhausen
Halle
Duderstadt
Worbis
Sangerhausen
Münden
Kassel
Sondershausen
Witzenhausen
Heiligenstadt
Kyffhäuser
Naturpark
Leipzig
Fritzlar
Eschwege
Mühlhausen
Herles-
hausen
Wartha
Bad Langensalza
Ziegenhain
Eisenach
Erfurt
Bebra
Weimar
Gerstungen
Gotha
Marburg
Hersfeld
Bad Salzungen
Alsfeld
Schmalkalden
Rudolstadt
Ilmenau
Pössneck
Suhl
Fulda
Meinigen
Hirsch-
berg
Reichenbach
Eussenhausen
Neuhaus
Mödla-
reuth
Plauen
Hildburg-
hausen
Eisfeld
Sonne-
berg
Oelsnitz
Schlüchtern
Bad Neustadt
Gutenfürst
Rotten-
bach
Rudolph-
stein
Hof
Coburg
Rehau
Bad Kissingen
Frankfurt
Lichtenfels
Kulmbach
Schweinfurt
Hassfurt
Bayreuth
Bamberg
Tirschenreuth
Würzburg

Heitere Aussicht

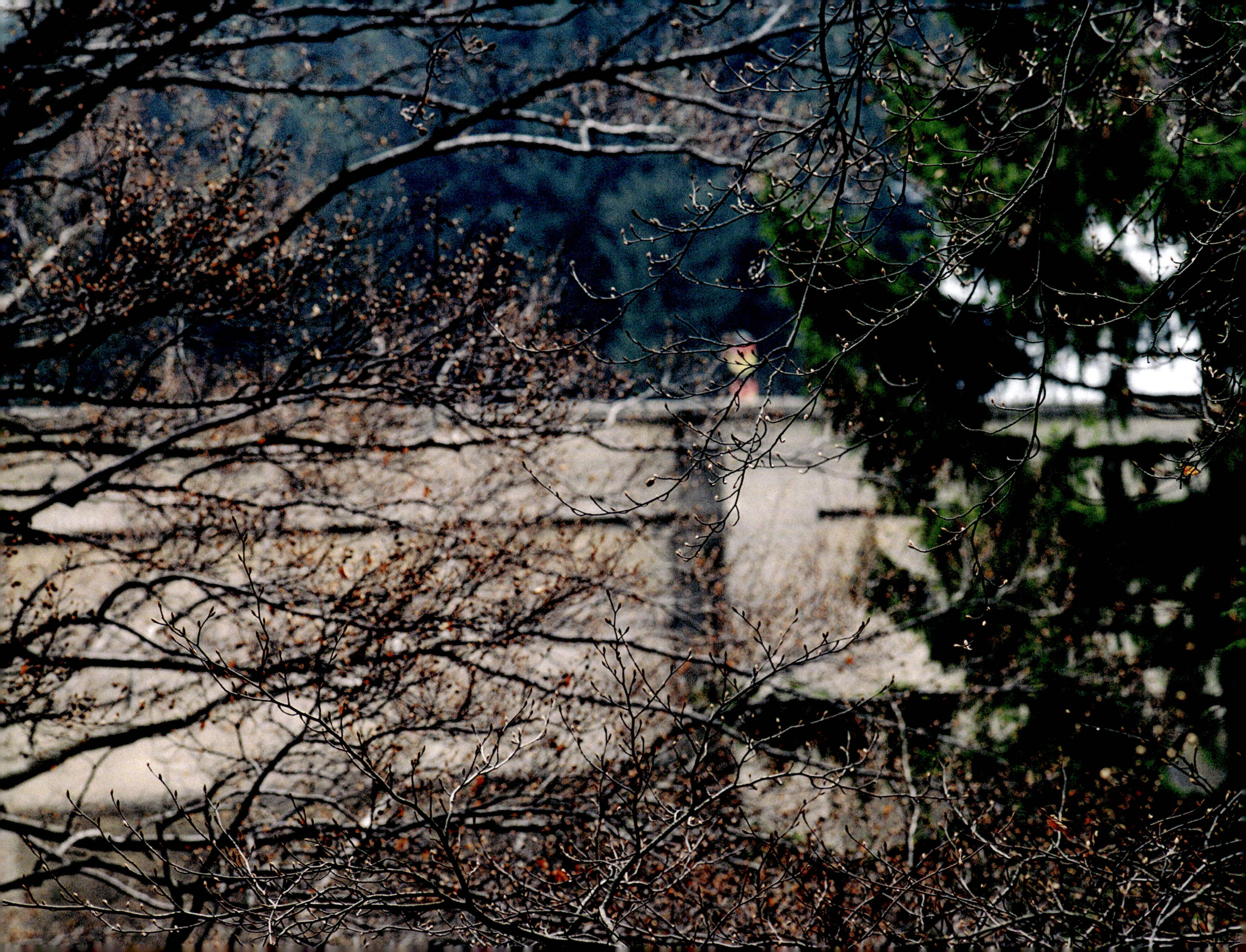

Literaturhinweise

Die innerdeutsche Grenze.
Herausgeber: Bundesministerium
für innerdeutsche Beziehungen,
Bonn, 1987

Radwanderweg - Am Grünen Band -
Teil 1 - Ostsee - Harz
Teil 2 - Harz   - Vogtland
von Klaus Buchin
©1999 ProjektNord Mollenhauer
& Treichel GbR, Kiel

	1. Auflage
	©Projekte-Verlag Cornelius GmbH, Halle 2010 ■ www.projekte-verlag.de
	Mitglied im Börsenverein des Deutschen Buchhandels
Texte und Fotos:	©Hilda Groll
Text:	Der Mensch als Grenzgänger
	©Dr. phil. Walter Kaune
Grobe Übersichtskarte:	©Hilda Groll
Konzeption und Gestaltung:	Hilda Groll und Marie-Theres Nießalla
Einbandgestaltung:	©Hilda Groll
Lektorat:	Manuela Fabrizius
Druck und Gestaltung:	Buchfabrik Halle ■ www.buchfabrik-halle.de
ISBN:	978-3-86237-077-1
Preis:	39,50 Euro

Besuchen Sie mich auch im Internet unter www.: hildagroll-photography.de

Besonderer Dank gilt,
- Marie-Theres Nießalla, die meine Bereitschaft gestärkt hat, soviel Persönliches in meinen Bildern preiszugeben.
- Rolf Schumacher, der mich auf vielen Wanderungen begleitet und mich immer wieder dazu motiviert hat, mein Projekt fortzuführen.
- meiner Tochter Indra, die immer an mich geglaubt hat.

Hilda Groll,
geboren und aufgewachsen in Gronau-Epe (NRW), lebte in Hannover, Borken (NRW) und seit 2007 in Goslar/Harz.
Durch das Studium im Fachbereich Foto-Design mit anschließendem Besuch der Meisterklasse am Institut für Ausbildung in bildender Kunst und Kunsttherapie (ibkk), Bochum, erhielt sie eine fundierte Ausbildung in der Entwicklung und Umsetzung von visuellen Konzepten mit unterschiedlichen Fototechniken.
„Das Einsteigen in die Tiefe eines Themas mit dem Ergebnis, mit wenigen Bildern beim Betrachter etwas zu bewegen, zu berühren, Erinnerungen zu wecken, ihn vielleicht zum Staunen oder Schmunzeln zu bringen, erlebe ich als äußerst spannend."